网络零售学教程
（第2版）

WANGLUO LINGSHOUXUE JIAOCHENG

主 编 ○ 沈红兵　吴 升

西南财经大学出版社
Southwestern University of Finance & Economics Press

中国·成都

图书在版编目(CIP)数据

网络零售学教程/沈红兵,吴升主编.—2 版.—成都:西南财经大学
出版社,2023.8
ISBN 978-7-5504-5853-6

Ⅰ.①网…　Ⅱ.①沈…②吴…　Ⅲ.①网上销售—零售—高等学
校—教材　Ⅳ.①F713.36

中国国家版本馆 CIP 数据核字(2023)第 127782 号

网络零售学教程(第 2 版)

主　编　沈红兵　吴　升

责任编辑:张　岚
责任校对:廖　韧
封面设计:何东琳设计工作室
责任印制:朱曼丽

出版发行	西南财经大学出版社(四川省成都市光华村街 55 号)
网　　址	http://cbs.swufe.edu.cn
电子邮件	bookcj@swufe.edu.cn
邮政编码	610074
电　　话	028-87353785
照　　排	四川胜翔数码印务设计有限公司
印　　刷	郫县犀浦印刷厂
成品尺寸	185mm×260mm
印　　张	10.25
字　　数	244 千字
版　　次	2023 年 8 月第 2 版
印　　次	2023 年 8 月第 1 次印刷
印　　数	1—2000 册
书　　号	ISBN 978-7-5504-5853-6
定　　价	28.80 元

第二版前言

　　电子商务（简称"电商"）是人类商业发展史上在互联网背景下最新的一次技术革命，是现代商业中影响最广泛、渗透最有力、发展最迅猛、创新最突出、前景最广阔的一种商业形态。

　　2022 年，我国网络零售市场总体稳步增长。据国家统计局数据显示，2022 年全国网上零售额 13.79 万亿元，同比增长 4%。其中，实物商品网上零售额 11.96 万亿元，同比增长 6.2%，占社会消费品零售总额的比重为 27.2%。商务大数据对重点电商平台的监测显示，电商新业态新模式爆发出更大的活力，即时零售渗透的行业和品类持续扩大，覆盖更多应用场景，加速万物到家。

　　随着数字技术加速向农村地区下沉，农村电商深入发展，直播电商、订单农业、社区团购、小程序电商等新业态、新模式加速涌现，推动农产品供需精准匹配能力大幅提升，助力农业新消费品牌培育推广，电子商务日益成为涉农企业数字化转型的重要抓手。乡村振兴战略是高质量发展的"压舱石"。商务部数据显示，2021 年全国网络零售店铺数量达 2200.59 万家，其中，农村网商、网店数量达 1632.5 万家，农村网店占全国网店的比重达 74.2%。2021 年，全国农村网络零售额达 2.05 万亿元，同比增长 11.3%，增速加快 2.4 个百分点。

　　从亚当·斯密、大卫·李嘉图的古典经济学，到阿尔弗雷德·马歇尔的剑桥学派，到马克思主义经济学，再到梅纳德·凯恩斯的宏观经济学，再到米尔顿·弗里德曼的芝加哥经济学派等，无数经济学先贤们围绕资源的高效配置这个核心对商品、价值、国民财富、生产、分配、消费等提出了各式各样的理论体系。受时代的局限，先贤们虽对生产与扩大再生产涉及的生产、分流、分配、消费四个环节受时间与空间的限制提出了一些解决思路，如完全信息博弈假说、有效市场假说以及模糊预测模型、神经网络预测模型、灰色预测模型等，以解决在时空限制下的资源有效配置问题；但这些假说和模型所依赖的数据来源的有限性、片段性、时滞性、非结构性，使预测很难与事物实际发展相符。如何实现资源的高效配置似乎是永恒的课题。

习近平总书记在党的二十大报告中指出，"加快发展数字经济，促进数字经济和实体经济深度融合"。新一代信息技术与各产业结合形成数字化生产力和数字经济，是现代化经济体系发展的重要方向。互联网连通了虚拟与现实，突破了时空限制，消费者不再满足于商品基本需求与单一业务结构，消费需求呈现出多样化和个性化的特征，工业经济时代"被同质化"的长尾需求显性化，零售得以识别消费者的长尾需求。大数据突破制约预测准确性的数据障碍，不遗漏哪怕是最微小的数据，实现了精确预测，为资源的高效配置提供了前所未有的保障，一种基于电子商务交易机理与大数据预测的新的经济学理论体系由此诞生。

网络零售的产生是零售业态演进的必然趋势。网络零售学的发展给传统零售业商业形态带来了变革性的冲击，同时也给买卖双方提供了新的交互、商磋的场景应用平台，在日益改变人类生活习惯的同时也开启了无限商机。线下支付转化为移动支付，集贸市场转化为各种程序平台的通道入口，这些变化渐渐催生更加活跃的零售新业态和新的商业机遇。直播电商依然是数字生活消费新习惯；社交电商是网络零售模式中应用最广泛的一种，靠丰富的社交内容拉动销售；社区团购破解了"流量密码"，收获了大量流量和订单，又积攒了美誉度；电商物流搭建了网络零售交换与流通的桥梁，通过"加强版"物流将网货所有权转移给需求方网购者。同时，网络零售的发展离不开数字技术支持、交易规则的约束以及市场治理等。

2020 年，网络零售在扩大消费、拉动内需方面发挥着日趋重要的作用。网络零售通过大数据、人工智能、反向定制等新技术有效提升了供需匹配的精准度，满足了个性化消费需求；线上线下深度融合创造了消费新场景，激发了消费新活力；社区前置仓、无人配送、无接触物流等新模式克服了疫情影响，帮助商品和服务精准触达消费者。2022 年，随着疫情防控措施进一步优化，扩内需促消费系列政策逐步见效，网络零售发展的韧性持续显现。一是部分商品品类销售较快增长。2022 年，18 类监测商品中，8 类商品实现两位数以上增长。其中，金银珠宝和烟酒销售额同比分别增长 27.3% 和 19.1%。二是网络促销激发消费潜力。商务部主办了"2022 中国电子商务大会"，指引电子商务创新发展方向。商务部牵头指导举办"全国网上年货节""双品网购节"等活动，指导各电商平台对"618""双 11"等促销活动加大投入力度，激发线上消费潜力。2023 年是全面贯彻落实党的二十大精神的开局之年，是实施"十四五"规划承上启下的关键一年。随着科技革命和产业变革持续高速演进，在这一年，产业互联网的浪潮将更加汹涌澎湃，数字化技术与实体经济的深度融合将成为经济发展的核心推动力。

重庆作为西部唯一的直辖市、长江上游的经济中心、国家"一带一路"倡议的重要支点，积极利用跨境电子商务国家试点城市等区位、产业基础与各类政策优势，发展跨境电子商务，使之成为转变经济增长方式、实现产业转型升级的重要突破口。2023

年以来，重庆市电子商务继续保持着强劲的增长态势。

重庆工商大学是我国从事商贸流通领域研究与教学的重要基地，改革开放后恢复建校至今，为我国培养了大批商贸流通领域的骨干人才，产生了一批重要的理论成果。如果说重庆工商大学过去为中国传统商贸流通领域的发展培养了大批合格人才，那么今天，我们也为培养更多的适用网络经济时代与网络零售发展的专业人才做好了准备。

党的二十大胜利闭幕，宏伟蓝图已绘就，征战号角又吹响。习近平总书记在党的二十大报告中提出，"高质量发展是全面建设社会主义现代化国家的首要任务"。这是对新时代电子商务发展提出的新要求。总之，以加快完善电子商务新业态为突破口，实现我国经济高质量发展，为全面建设社会主义现代化国家、全面推进中华民族伟大复兴而团结奋斗，是我们义不容辞的责任和使命。

本书的总体思路和基本框架由沈红兵提出，经编者们讨论确定后分工编写。具体分工如下：第一章至第三章由沈红兵编写，第四章由吴欣怡、向荣、毛语月编写，第五章由罗佳、廖雪妍编写，第六章由冉玲玲、韩春丽编写，第七章由秦梦菁、徐洁编写，第八章由彭燕芳、王昊旻、吴越编写，第九章由王昊旻、吴越编写，第十章由冉玲玲、殷琪编写，第十一章由张艺玲、林鑫妍编写，本书最终的统稿与审核由吴升负责。

本书在编写过程中，借鉴和吸收了很多国内外同行的优秀成果，西南财经大学出版社的编辑们对本书的编写和出版倾注了大量的心血，在此表示感谢。

由于编者水平有限，书中难免会有疏漏和错误之处，敬请同行专家和读者批评指正。

沈红兵

2023 年 5 月

目 录

网络零售学概述

学习目标和要求

本章主要阐述网络零售学的概念、研究对象、理论体系、研究方法等。通过本章学习，学生应达到以下目标和要求：

（1）认识网络零售学的时代性、重要性、实践性。

（2）了解并掌握网络零售学研究的主要内容。

（3）了解并掌握网络零售学的研究方法。

本章主要概念

传统零售　网络零售　网络零售学　电子商务　网络零售交易模型

第一节　网络零售学及其研究对象

一、网络零售学学科定位

（一）网络零售学是属于经济学大范畴的一门应用经济学学科

经济学（economics）是对人类各种经济活动和各种经济关系进行理论的、应用的、历史的以及有关方法的研究的各类学科的总称。经济学又可称为经济科学（economic sciences)，是研究人类个体及其社会在自己发展的各个阶段上的各种需求和满足需求的活动及其规律的学科。经济学被称为"社会科学之皇后"。相对于人们的欲望，经济资源总是短缺的。经济学就是研究如何合理地配置稀缺的经济资源来满足人们的多种需求的学科。微观经济学与宏观经济学是经济学的基础。微观经济学是研究社会中单个经济单位的经济行为以及相应的经济变量的单项数值如何决定的经济学说，亦称市场经济学或价格理论，其中心理论是价格理论。宏观经济学以国民经济总过程的活动为研究对象，主要研究就业总水平、国民总收入等经济总量。宏观经济学也称为就业理论或收入理论。

理论经济学论述经济学的基本概念、基本原理以及经济运行和发展的一般规律，为各经济学科提供理论基础。应用经济学主要指应用理论经济学的基本原理研究国民经济各个部门、各个专业领域的经济活动和经济关系的规律性，或对非经济活动领域进行经济效益、社会效益的分析而建立的各个经济学科。它可分为若干个分支，其中，以国民经济个别部门的经济活动为研究对象的学科有农业经济学、工业经济学、商业经济学、建筑经济学、运输经济学等。商业经济学可分为零售学、批发学等。网络零售学是零售学的一个分支。

（二）网络零售学是一门应用经济学交叉学科

网络零售学是现代商贸流通业中的一种全新的商品流通形态——以互联网和移动互联网作为媒介联结供需双方，实现买卖双方沟通、交易与支付清算的商品分配、流通新模式。网络零售学是零售学、网络经济学与电子商务的交叉学科。

与网络零售学联系紧密但又相区别的学科包括流通经济学、零售学、网络经济学、电子商务、电子支付与清算、网络营销等。

二、研究网络零售学的意义

研究网络零售学的意义是多方面的，可以从经济学学科建设、政府、企业和消费者四个方面进行讨论。

首先，研究网络零售学有利于建立完善经济学学科体系，弥补经济学理论解释当前经济现象乏力、理论指导实践能力欠缺的弱点，增强经济学对当前新经济特别是网络零售经济现象的解释与理论指导。网络零售学成为经济学中一门重要的应用经济学学科，填补了应用经济学的理论空白，有利于完善现代经济学学科体系。

其次，研究网络零售学有利于政府促进、引导现代流通产业特别是以互联网和移动互联网为媒介的网络零售业的健康发展。政府制定科学的网络零售产业政策必须要有相应的理论做支撑，而网络零售学研究网商与网购者之间利用互联网进行网货与网货款所有权的相互让渡的活动，可为政府机构及相关人员制定产业发展宏观政策、优化产业组织与产业结构，帮助传统商贸流通业向全渠道零售转型升级，实现在新常态下我国的经济社会又好又快发展，提供理论依据与实证资料。

再次，研究网络零售学既有利于网络零售交易平台运营商或独立零售网站机构、人员以及网商正确选择投资领域，也有利于社会各级机构及人员建设和运营网络零售交易平台，通过网络零售实现"全民创业、万众创新"，可分析网络零售市场竞争状况，提高资源使用效率，从而制定正确的竞争策略，保持在网络零售市场中的竞争优势。

最后，研究网络零售学有利于引导网上消费者进行理性网络购物，规避网购风险，保障自身合法权益，利用网络零售市场方便、快捷、安全、多选择等优势丰富和提升生命体验，提高生活质量。

三、网络零售学的研究对象

（一）学科研究对象的确立标准

研究对象是对某一学科研究范围及内容的高度概括。确定研究对象的意义是学科研究的起点，只有确立了研究对象，才能建立科学的学科体系。任何学科都有其特定的研究对象，没有特定研究对象的学科，不能称其为独立学科，而研究对象的区别正是学科间的根本区别标志。

1. 研究对象的特殊性

研究对象的特殊性即指学科要重点解决的特殊矛盾，用以回答此学科不同于其他学科的根本差别所在。毛泽东在《矛盾论》中指出："科学研究的区分，就是根据科学对象所具有的特殊的矛盾性。因此，对于某一现象的领域所特有的某一种矛盾的研究，就构成某一门科学的对象。""固然，如果不认识矛盾的普遍性，就无从发现事物运动发展的普遍的原因或普遍的根据；但是，如果不研究矛盾的特殊性，就无从确定一事物不同于他事物的特殊的本质，就无从发现事物运动发展的特殊的原因，或特殊的根据，也就无从辨别事物，无从区分科学研究的领域。"法国社会学家埃米尔·迪尔凯姆也指出："一门科学只有在真正建立起自己的个性并真正独立于其他学科时，才能成为一门真正的科学。一门科学之所以能成为特别的学科，是因为它所研究的现象，是其他学科所不研究的。如果各门科学所研究的现象相同，或者同样的概念可以不加区分地适用于各种不同性质的事物，那么，也就不可能有各门科学了。"可见，独有的研究对象是衡量学科能否独立存在的标准，学科间的区别就在于研究对象的区别。

2. 研究内容的概括性

研究内容的概括性是指研究对象能否对研究内容进行概括和集中反映。我国著名会计学大师余绪缨认为："一门学科的（研究）对象，是其特定领域有关内容的集中和概括，是贯穿于该学科的始终的。"研究对象是最能反映理论本质的东西，具有概括、抽象、简洁的特征，一经抽象界定后，具有相对稳定性，一般不会轻易发生改变。研究内容是对研究对象的具体和丰富，随着学科发展、研究深入和实践的需要不断拓展和充实，具有多样、具体和变化的特征。但是，研究内容的这些表现在本质上应当与研究对象保持一致；否则，学科研究对象的存在性就值得怀疑。此外，对研究对象的强调与将学科的逻辑起点定位于目标的观点（如国内目前对战略管理会计的基本认识）并不冲突。学科的目标可能存在着最终目标、直接目标、具体目标的层次之别，而研究对象却最能概括地体现学科目标的核心所在。

3. 研究价值的实用性

研究价值的实用性是指研究的对象本身对于研究主体必须是有意义的，能够有助于研究主体认识世界、解释世界和改造世界，如果不能做到这一点，那么即使它是特殊的，也没有存在的必要。马克思在《1844年经济学哲学手稿》中指出，研究"对象如何对他说来成为他的对象，这取决于对象的性质以及与之相适应的本质力量的性质，因为正是这种关系的规定性形成一种特殊的、现实的肯定方式"。实用性标准用以回答学科为什么存在的问题。

（二）网络零售学研究对象的确立

网络零售学是研究厂商与终端消费者之间以（移动）互联网为媒介相互交换商品和服务及其货款所有权特殊运动的规律的一门科学。

1. 网络零售学研究对象的特殊性

人类商品交换有数千年的历史，从最早的物物交换到以货币为中介的交换，再发展为现代意义的商品经济。随着现代科学技术的飞速发展，新的科学技术应用到了商品交换中，出现了通过报纸、杂志等印刷品，收音机、广播、电视机、无人售货机等机械、电子手段实现商品交换的商业模式，但这些商品交换模式都没有从根本上改变几千年来所形成的传统商业运行模式，即在有形市场上交换主体之间"一手交钱一手交货"（这里的"钱"一般是有形货币现金的形式）的即期交易（远期交易后来也发展成为一种重要的商业形式），而网络零售交易是突破了实体有形市场的束缚，利用互联网特别是移动互联网来完成交易，最终形成了网络零售交易市场。

电子商务是人类商业发展史上一次新的商业革命，是现代商业中影响最广泛、渗透最有力、发展最迅猛、创新最突出、前景最广阔的一种商业形态。在2014年召开的中国电子商务大会上，商务部发布的《中国电子商务报告（2013）》数据显示，我国电子商务持续快速发展，交易总额突破10万亿元，同比增长26.8%。其中，网络零售交易额超过1.85万亿元，同比增长41.2%，占社会消费品零售总额的比重达7.8%。网络零售交易总额占社会消费品零售总额比重由2008年的1.2%上升到2013年的7.8%，我国的网络零售市场超过美国成为全球最大的网络零售市场。网络零售学就是研究在互联网和移动互联网新技术发展基础上出现的商贸流通新业态的学科。

网络零售是指通过互联网或其他电子渠道，针对个人或家庭的需求销售商品和服务。该定义包含所有针对终端顾客（而不是生产性顾客）的电子商务活动，即企业对顾客（B2C）或网商对顾客（C2C），而不是企业对企业（B2B）。利用互联网发布商品信息、推广企业或塑造商品品牌等商业活动，虽然都属于B2C的范畴，但由于没有"商品和服务与货款的所有权相互让渡"的网上（线上）直接交易，而是交易撮合，在传统渠道完成交易或线下真正地交割货款，仍属于传统零售范畴。严格意义上的网络零售是指网商与网购者之间利用互联网进行的网货与网货款所有权相互让渡活动。

2. 网络零售学研究内容的概括性

任何一种规范的经济学研究必然有其核心概念，该概念是对众多经济现象的高度概括。概念必须以事实为基础，同时又是对事实的概括。网络零售学的核心概念是对网络零售中厂商与终端消费者之间，以网络媒介相互转让商品或劳务和货款所有权的交易活动及其特殊运动为基础，对该交易活动及其特殊运动规律进行高度概括所形成的一组概念，该核心概念簇本身又构成网络零售学学科的一个完整理论体系。

一、网络零售交易模型

网络零售一般交易规律用可用网络零售交易模型加以说明，如图1-1所示。

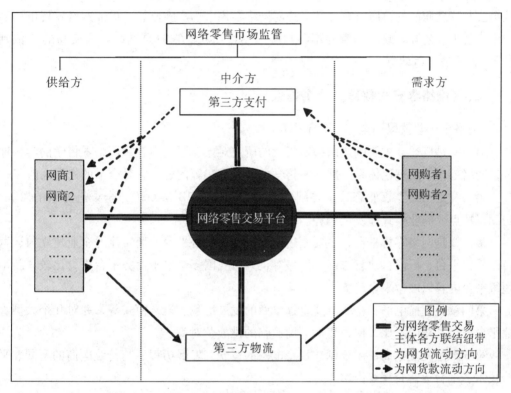

图1-1　网络零售"商品（服务）—货款"交易模型

网络零售由交易的基本双方构成，其中一方为供给方，他是网络零售交易的客体——网货（包括有形商品与服务型商品）的提供者，向网购者提供所需要的商品和服务；另一方是需求方，他是网络零售的客体——网货的需求者，他为了获得网货的所有权，满足其自身的效用必须向供给方支付一定的网货款。网货所有权从供给方网商转移到需求方网购者，网货款所有权从需求方网购者转移到供给方网商，从而完成一个"商品（服务）⇌货款"的循环。其中，供给方网商在网络零售交易中失去的是网货的所有权，得到的是网货款的所有权，并因此获得相应的利益（以价值形态存在）。需求方网购者在网络零售交易中失去的是网货款的所有权，得到的是网货的所有权，并因此获得相应的效用（以实物或服务形态存在）。供求双方在交易完成后，"各取所需""各得其所""双向共赢"。这既是零售业产生于数千年前、虽历经波折但依然保持非常顽强生命力的奥秘，也是网络零售业的内在运行规律。

与传统零售业的"商品（服务）⇌货款"相比，网络零售中的"网货⇌网货款"中加入了一个中介，即图1-1中的中介方——互联网。是互联网把交易的供需双方联结起来，而不是像传统零售一样通过有形实体市场把交易的供需双方联结起来，网络本身既是有形的，同时也是无形的。更重要的是，供需双方的交易通过互联网达成，并通过网络约定交易双方的权利与义务，其中需求方网购者放弃网货款所有权，通过电子支付工具，将相应的网货款所有权转移给供给方网商；而供给方网商则放弃网货所有权，将相应的网货所有权通过物流转移给需求方网购者。

在网络零售交易各方之上的是政府。为了保证网络零售市场正常健康发展，做大做强网络零售市场，也为了保证全体社会成员的福祉，作为社会公共产品的提供者，履行社会公共管理职能的政府有责任和义务对网络零售市场实施监管，保证网络零售市场的公平、公正、公开。政府本身并不参与网络零售交易，它只是网络零售交易的"裁判员"，而不是"运动员"。

二、《网络零售学教程》全书框架

《网络零售学教程》全书分为十一章。

第一章是概述，主要阐述网络零售学的研究对象、研究内容，网络零售学的学科地位，网络零售学的理论体系，网络零售学的研究方法等内容。它是全书的先导性内容。

第二章是网络零售业态，主要阐述 B2C、C2C、C2B 与 O2O，全渠道零售的概念、内涵、特点、商业模式和发展趋势。

第三章是网络零售平台，主要阐述第三方网络零售平台、商贸流通企业建立与运营自营零售平台、厂商自建官方网上商城等，并对我国多个电子商务平台进行比较，新增超级平台内容以展望平台趋势。

第四章是直播电商，主要阐述直播电商的发展历程、运营模式等，并对几个大型直播平台进行了横向对比，探讨直播电商面临的挑战及对策。

第五章是社交电商，主要阐述社交电商的概念、发展历程、与传统电商的不同、平台技术、平台运营管理等内容。

第六章是移动支付，主要陈述移动支付发展、分类、主要应用场景和相关主要技术。

第七章是电商物流，区分了电子商务和电商物流的概念，阐述了电商物流的作用及其表现的新特征，介绍了电子商务和物流的流程和环节、技术支撑和运行机制。

第八章是社区团购，主要阐述社区团购的概念与作用机制，探讨其先进性与局限性，并与时俱进地讨论其背后小程序的技术开发、运营及优化等操作性内容。

第九章是网络零售交易规则，主要阐述网络零售交易规则与监管产生的经济学原因、网络零售交易规则的内涵与外延，并具体介绍了网络零售平台淘宝的规则的具体内容、用于交易监管的技术等。本章还介绍了网络零售支付与清算的发展、网络零售支付流程及安全保障、第三方支付的作用以及电子支付的最新发展。

第十章是网络零售市场治理，主要阐述了网络零售行业的痛点、市场的治理现状和针对行业痛点的治理措施。

第十一章是网络零售技术经济原理，介绍了网络零售的经济学特征和基本原理以及主要技术原理。

第三节　网络零售学研究方法

在构建网络零售学的学科体系时，必须高度重视科学的研究方法。网络零售学只有建立在科学的研究方法之上，才能获得广泛的解释力和对实际经济运行的指导力。因为经济学的任务不仅是认识世界、科学地解释网络零售这种新的基于互联网的商品流通新业态和经济现象，还需要指导网络零售的经济实践。根据网络零售学的研究对象、学科性质和研究内容的复杂性，研究网络零售学有多种方法，主要包括：

一、宏观分析与微观分析相结合的方法

网络零售业是指生产厂商通过互联网媒介与终端消费者之间相互交换商品与货款所有权所构成的商品交换渠道与模式。在研究网络零售经济过程中，我们需要运用微观分析方法，掌握网络零售内部各个微观经济主体的特点，有针对性地进行研究；同时，又要运用宏观分析方法，把许多网络零售部门构成的整体作为研究对象，研究网络零售业在整个经济发展中的变动规律和对经济总量影响的规律。只有将宏观分析和微观分析有效地结合起来，才能充分认识网络零售产生、发展、变动的规律，正确处理网络零售经济发展过程中出现的问题。

二、实证分析与规范分析相结合的方法

实证分析是网络零售经济学研究问题的基本方法。实证分析是对社会经济的实际运行情况进行描述、研究和解释的方法。实证分析通过分析实际经济运行的过程及其规律，说明社会经济现象"实际是什么"，它不涉及对实际经济运行状况和后果的评价，不回答社会经济现象好坏的问题。规范分析是分析社会经济应该怎样运行的方法。规范分析对社会经济运行的过程和结果做出理论分析和价值判断，评价利弊得失，回答社会经济现象"应该是什么"的问题，通过一定的价值标准进行判断与推理，找出更好的管理网络零售发展的方法和措施。在进行网络零售经济学的研究时，要将实证分析与规范分析结合起来，不能将二者割裂开来；既要重视实证分析，又要进行规范分析；先进行实证分析，再进行规范分析；发挥网络零售学揭示网络零售发展规律，促进网络零售发展的作用。

三、静态分析与动态分析相结合的方法

静态分析是分析事物在某一时点或横截面上的状况和带有规律性的特征的方法，这种方法有助于认识事物的现状，有助于进行比较研究，分析发现网络零售中存在的问题，从而有针对性地进行解决。然而，网络零售总是处于不停的发展变化之中，研究网络零售的发展变化规律，又必须运用动态分析的方法，这种方法更有利于揭示事物发展的规律。在许多情况下，静态分析是动态分析的起点和基础，网络零售学的研究更注重动态的发展的观点，动态研究是研究网络零售经济的主要方法。

四、定性分析与定量分析相结合的方法

定性分析对网络零售经济研究的内容进行一般的、规律性的总结，它不涉及具体的、量的计算。定量分析方法具有确定的量化内容，它通过建立一定的经济数学模型，确定网络零售经济中有关量的计量值，它涉及具体的数量计算。定性分析是定量分析的前提，能够减少定量分析的复杂性和难度；定量分析能加深定性分析，使定性分析具体化、数量化、精确化、可操作化。

五、统计分析与比较分析相结合的方法

网络零售经济学要运用统计分析的方法，探寻网络零售内部客观存在的规律，总结出具有代表性的一般网络零售规律，从而指导网络零售的发展。由于不同国家、不同地区的网络零售所处的经济阶段不同、条件不同，网络零售发展的表现形式不同，因此还要运用比较分析方法，通过对大量的网络零售资料进行比较分析，了解各国的网络零售及网络零售之间的关系，并将其与该国的资源、人口、经济状况、文化传统等相联系，进行比较分析，从中得出相关的结论和经验，发展各国经济。因此，研究网络零售学，需要将统计分析与比较分析结合起来。

 思考题

1. 网络零售学的研究对象是什么？
2. 网络零售学与电子商务的区别与联系是什么？
3. 网络零售交易模型的内容是什么？
4. 网络零售学有哪些研究方法？

第二章

网络零售业态

学习目标和要求

本章主要阐述网络零售业态的定义、内涵、分类、发展历程及其商业模式，网络零售业态与传统零售业态的区别与联系，全渠道零售的产生、发展、内涵及主要内容。通过本章学习，学生应达到以下目标和要求：

（1）认识网络零售业态与传统零售业态的区别与联系。

（2）认识并掌握网络零售主要业态类型及其商业模式。

（3）认识并掌握全渠道零售的内涵及其主要内容。

本章主要概念

零售业态　网络零售业态　B2C　C2C　C2B　O2O　全渠道零售　全渠道零售管理系统

零售业态（retail formats），是指销售市场向确定的顾客提供确定的商品和服务的具体形态。自19世纪中叶以来，世界市场的业态革命此起彼伏。零售业态是零售企业适应市场竞争日趋激烈的产物，是物竞其类、适者生存法则在商品流通领域的表现。

第一节　零售业态

一、零售业态概述

零售业态是指零售企业为满足不同的消费需求而形成的不同的经营形态。针对特定消费者的特定需求，按照一定的战略目标，有选择地运用商品经营结构、店铺位置、店铺规模、店铺形态、价格政策、销售方式、销售服务等经营手段，提供销售和服务的类型化服务形态。

零售业态是动态的、发展的。随着生产的发展、需求的增长，零售业态也在不断地发展。目前我国对八种零售业态进行了规范。

二、零售业态分类

零售业态的分类主要依据零售业的选址、规模、目标顾客、商品结构、店堂设施、经营方式、服务功能等确定。零售业态在网络零售业态产生以前，被称为传统实体零售业态，主要分为八种：超市、便利店、大型综合超市、仓储式会员商店、百货店、专业店、专卖店和购物中心。

1. 超市（supermarket）

超市采取自选销售方式，以销售食品、生鲜食品、副食品和生活用品为主，是顾客每日需求的零售业态。

2. 便利店（convenience store）

便利店是以满足消费者便利性需求为目的的零售业态，主要提供便利商品、便利服务。按照便利店的标准，便利店的价格水准要高于超市的价格。顾客在追求便利的时候，也在追求商品的功能而不是价格，所以其满足的是一个更高层次的消费需求。

3. 大型综合超市（large comprehensive supermarket）

大型综合超市采取自选销售方式，以销售大众化实用品为主，是满足顾客一次性购足需求的零售业态。它与超市的不同之处，在于它销售的是大众化的实用品，满足的是顾客一次性购足的需求。

4. 仓储式会员商店（warehouse store）

仓储式会员商店是指会员制的仓储式商店，沃尔玛、麦德龙都属于这一类型。它们都是会员制，但是方式不一样，消费对象也不一样。

5. 百货店（department store）

百货店是指在一个大的建筑物内，根据不同的商品设立销售区，开展订货、管理、营运，满足顾客对时尚商品多样化选择需求的零售业态，是最普遍、最成熟的一种经营方式，也是现在经营最不景气的一种零售业态。最根本的原因在于这些店建立于20世纪90年代初经济最旺盛的时期，而且大部分在贷款利息最高的时候负债经营。

6. 专业店（speciality store）

专业店是指以经营某一大类商品为主，并且备有丰富专业知识的销售人员和适当的售后服务，满足消费者对某大类商品的选择需求的零售业态。这个业态在国外刚刚起步，有很好的发展潜力。专业店是百货店最强有力的竞争对手。

7. 专卖店（exclusive shop）

专卖店是指专门经营或授权经营制造商的品牌，适应消费者对品牌选择需求的零售业态。专卖店经营的商品可以不是某一类的商品，但是是某一品牌的商品。如鳄鱼牌专卖店，它有衣服、皮带、皮夹、皮鞋、皮包等销售，都是一个品牌。消费者选择的是一个品牌，可能是一系列的产品，这种专卖店也发展得很好。

8. 购物中心（shopping mall）

购物中心是指企业有计划地开发、拥有、管理、营运的各类业态、服务设施的结合体。它是有计划地开发的，由一些开发商来建设。它与百货公司不同的是，它有物业、管理、经营形成独立的三方，它们各自履行职责。它与批发商场的不同在于有主力店，主力店占很大比例，有主题、选址、设计，有统一计划，有管理公司统一管理。

随着现代科技的发展，零售业态中出现了无实体店铺零售业态类型。"无店铺销售"是现代市场营销的重要形式之一，它与各种类型实体店铺销售相比有着运作流程和管理方式上的巨大差异。作为一种与传统店铺销售相对应的销售业态，无店铺销售业态在信息技术迅猛发展的今天具有良好的发展前景和深远的经济意义。2004 年 10 月开始实施的《零售业态分类》标准就已经首次将 5 种无店铺销售形式列为零售业态，无店铺销售方式被我国零售业正式承认。无店铺销售有以下几种方式：

一是电视购物（TV shopping），即以电视作为向消费者进行商品推介展示的渠道，并取得订单的零售业态。

二是 DM① 单邮购（DM mail order），即以邮寄 DM 商品目录作为向消费者进行商品推介展示的主要渠道，并通过邮寄等方式将商品送达消费者的零售业态。

三是网上商店（online store），即通过互联网络进行买卖活动的零售业态。

四是电话购物（telephone shopping），即主要通过电话完成销售或购买活动的一种零售业态。

五是自动售货机（vending machine，VEM），即能根据投入的钱币自动交货的机器。自动售货机是商业自动化的常用设备，它不受时间、地点的限制，能节省人力、方便交易，是一种全新的商业零售形式，又被称为 24 小时营业的微型超市。它分为三种：饮料自动售货机、食品自动售货机、综合自动售货机。

第二节　网络零售业态类型

网络零售是随着互联网技术的发展而出现的最新业态类型。网络零售（E-retail）是指通过互联网或其他电子渠道，针对个人或者家庭的需求销售商品或者提供服务的零

---

① DM 是英文 direct mail advertising 的省略表述，译为"直接邮寄广告"。

售业态。买卖双方通过电子商务（线上）应用实现交易达成（商流）、交易信息查询（信息流）、货款交付（资金流）和商品交付（物流）等。

一、网络零售概述

1. 定义

中国电子商务研究中心发布的《2009年中国网络零售调查报告》给出了网络零售的定义。网络零售是指交易双方以互联网为媒介进行的商品交易活动，即通过互联网进行的信息的组织和传递，实现了有形商品和无形商品所有权的转移或服务的消费。

2. 优势

（1）降低了交易成本，提高了服务质量。网络零售为消费者选择最低价格的商品和服务提供了可能，消费者只需点击鼠标即可完成购物，减少了购物时间，也免去了购物中心的嘈杂、拥挤，可享受悠闲自在、随心所欲的高质量的服务。

（2）打破了时空限制。零售商家实现了7×24小时无节假日营业，消费者可随意安排购物时间。

（3）打破空间、地区限制，消费者在家里就可以购买全世界的商品。

（4）品类极其丰富，除法律禁止销售或不符合社会道德规范的商品与服务外，均能在网上销售和购买。

二、网络零售发展动因

网络零售的发展动因既有传统实体零售业态存在的自身问题，也有消费者需求的变化和互联网技术的迅猛发展。

1. 传统零售业态存在的问题

（1）零售业过剩。

（2）零售业对空间的要求较高。

（3）收益下降。

（4）人员随着店面的扩大增多。

2. 消费者需求的变化

（1）消费行为的改变。

（2）某些用户的消费行为从注重品牌转向注重最低价格。

（3）消费者用于购物的时间呈下降趋势。

（4）消费者希望享受高质量的服务。

3. 互联网技术的发展

（1）网络零售消除了时间和空间对交易的限制。

（2）网络零售无须考虑物理上的存储空间、人员、物理店面的成本，只需解决服务器容量问题。

（3）随着移动互联网技术的应用，出现了新的零售模式，网络零售开辟了新的市场空间。

（4）大数据、云计算和 LBS（location based services，基于位置的服务）可精确分析消费者行为，为实现精确营销提供了有力的工具。

三、网络零售业态的类型

（一）B2C（business to consumer，即企业到消费者）

1. 综合类 B2C

综合类 B2C 电子商务系统支持全面的商品陈列展示、信息系统智能化、客户的关系管理、物流配送、支付管理等业务功能，具有许多能提高客户体验的功能，能提供人性化与视觉化的服务。

如当当网涵盖了图书音像、服装鞋靴、美妆饰品、手机数码、箱包家纺、食品家电等品类，为消费者提供更多生活、工作中需求的产品。

2. 垂直类 B2C

垂直类 B2C 电子商务系统是指围绕具体企业的核心领域，在其行业内继续挖掘新亮点的服务系统。本系统具有与行业内各种品牌的数据交换、多种支付手段、产品管理、服务管理、渠道商奖金和返点管理、生产商合作管理等许多定制功能。

3. 生产企业网络直销类 B2C

生产企业网络直销类 B2C 电子商务系统是以具体企业的战略定位和发展目标为依据建立的。它能协调企业原有的线下渠道与网络平台的利益，帮助实行差异化的销售。如在网上销售所有产品系列，而传统渠道销售的产品则体现地区特色。实行差异化的价格，线下与线上的商品定价根据时间段不同分别设置。线上产品也可通过线下渠道完善售后服务。

4. 平台类 B2C 网站

平台类 B2C 电子商务系统是一种拓宽网上销售渠道的业务平台。通常，中小企业的人力、物力、财力都十分有限，利用此系统可以形成一个较高知名度、点击率和流量的第三方平台，以便为更多的中小企业服务。本系统具有完整的网络渠道开发、多类别产品展示、仓储系统管理、供应链管理、物流配送体系管理功能。

主要实现方式有新兴网上商店、传统商店上网。

（二）C2C

C2C（consumer to consumer，即消费者到消费者），就是个人与个人之间的电子商务。如一个消费者有一台电脑，通过网络进行交易，把他的商品出售给另外一个消费者，此种交易类型就称为 C2C 电子商务。

C2C 网络零售平台主要有淘宝网、拍拍网、易趣网等。

（三）C2B

C2B（consumer to business，即消费者到企业），是互联网经济时代新的商业模式。C2B 是先有消费者需求产生而后有企业生产，即先有消费者提出需求，后有生产企业按需求组织生产。通常情况为消费者根据自身需求定制产品和价格，或主动参与产品设计、生产和定价，产品、价格等彰显消费者的个性化需求，生产企业进行定制化生产。

C2B 的核心是以消费者为中心，让消费者当家做主。站在消费者的角度看，C2B 产品应该具有以下特征：第一，对相同生产厂家的相同型号的产品，无论通过什么终端渠道购买价格都一样，也就是全国人民一个价，渠道不掌握定价权（消费者平等）。第二，C2B 产品价格组成结构合理（拒绝暴利）。第三，渠道透明。第四，供应链透明（品牌共享）。

C2B 改变了原有生产者（企业和机构）和消费者的关系，是一种消费者贡献价值（creation value）、企业和机构消费价值（consumption value）的商业模式。

（四）O2O

O2O（online to offline，即在线到离线/线上到线下），是指将线下的商务机会与互联网结合，让互联网成为线下交易的前台。这个概念最早来源于美国。O2O 的概念非常广泛，既可涉及线上，又可涉及线下，可以通称为 O2O。

O2O 电子商业模式需具备五大要素：独立网上商城、国家级权威行业可信网站认证、在线网络广告营销推广、全面社交媒体与客户在线互动、线上线下一体化的会员营销系统。

O2O 商业模式的关键是在网上寻找消费者，然后将他们带到现实的商店中。它是支付模式和为店主创造客流量的一种结合（对消费者来说，也是一种"发现"机制），实现了线上的购买，线下的服务。

四、网络零售业态发展的意义

1. 从供应链角度来看，网络零售使分销渠道结构扁平化

传统零售渠道天然地被空间距离隔开，因此可以形成总代理、区域代理等层层向下的金字塔状多级代理结构。网络渠道的兴起，首先为所谓的区域"窜货"提供可能。此外，一些网商从诞生之初，就形成了"前店后厂"的模式，抛弃了中间的各级代理。总体看来，网商零售对渠道结构的改造降低了零售业的渠道成本。

2. 从商品类型来看，小众需求在网络渠道受到重视

网络提供了足够宽广且廉价的零售平台，使得原本"小众"并难以支撑起一个实体零售网点或进入实体网点销售的需求在网络零售平台上得以满足，并且这些零散却数量巨大的小众需求带来的销售总额并不亚于畅销商品。以中秋节前夕网络热卖的月饼模具为例，地面渠道中仅在专门的批发市场有售（并不面向个人消费者），原本也仅有少量的 DIY（do it yourself，自己动手）爱好者通过 C2C 平台以及垂直类网络论坛购买。网商销售这一商品的同时会附带 DIY 月饼的食谱和方法供用户参考，客观上带动了月饼模具等 DIY 材料的需求增长，加上 C2C 平台适时的推动，带来了这一小众需求商品热销的局面。

3. 从客户关系及体验来看，自助式的购物体验使得消费过程更轻松

在超市尚不普及时，很多孩子都有攥着钱在柜台前想买一包零食却不敢开口的经历。在人际交往方式日渐虚拟化的今天，在实体网点被亦步亦趋的店员热情服务对于消费者来说并不一定是愉快的体验。这可以从一个侧面解释为什么一些奢侈品依然可以在网上热卖，除了价格因素外，自助式的购物可以让消费者更加从容和自信。

4. 从技术创新与应用上看，移动购物需求使移动互联网技术创新与应用速度不断加快

传统电子商务已经使人们感受到了网络所带来的便利和乐趣，但它的局限性在于台

式电脑携带不便，而移动电子商务则可以弥补传统网购的这种缺憾，可以让人们随时随地利用手机分享商品、购物，感受独特的手机购物体验。无线新技术，如 WAP2、OS、GPRS、EDGE、UMTS/3G/4G/5G、蓝牙、指纹识别一类的生物测定技术，以及安全交易技术、加密/解密和数字签名等技术的发展为移动购物提供了技术保障；反过来，消费者对网上购物的便利性、个性化、安全性要求，又促进了移动互联网技术的进一步发展和应用。

第三节　全渠道零售

随着网络零售特别是移动购物的兴起和发展，传统的实体零售渠道已很难满足消费者的需求和市场竞争的需要，生产企业和商贸流通企业迫切需要集合传统渠道与网上渠道，即全渠道零售方式。全渠道零售（omni-channel retailing），就是指企业为了满足消费者任何时候、任何地点、任何方式购买的需求，采取实体渠道、电子商务渠道和移动电子商务渠道整合的方式销售商品或服务，提供给顾客无差别的购买体验。

一、全渠道零售的定义

全渠道零售，是指企业采取尽可能多的零售渠道类型进行组合和整合（跨渠道）销售，以满足顾客购物、娱乐和社交的综合体验需求的行为。这些渠道类型包括有形店铺和无形店铺，以及信息媒体（网站、呼叫中心、E-mail、微博、微信）等。

二、零售渠道扩展史

零售业渠道演变经历了四个阶段：单渠道阶段、多渠道阶段、跨渠道阶段、全渠道阶段，呈现出渠道从一到多、从狭窄到宽泛的演变过程，如图 2-1 所示。

（一）单渠道阶段

20 世纪 90 年代以后，巨型实体店连锁时代到来，多品牌化实体店数量减少，这是"砖头加水泥"的实体店铺时代。单渠道模式经营的企业的困境在于渠道单一，由于购物半径的限制，实体店仅仅覆盖周边的顾客。随着时间的推移，实体店铺租金和人力成本等大幅上涨，而实体店铺总收入却在减少，成本增加，利润微薄，发展越发困难，其生存岌岌可危。

（二）多渠道阶段

2000—2009 年，网上商店时代到来，零售商采取了线上和线下双重渠道，这是"鼠标加水泥"的零售时代。多渠道与单渠道相比，其路径更丰富，但也面临着瓶颈：渠道分散，几套人马，管理成本上升；内部恶性竞争，抢夺资源，团队内耗，资源浪费；外部价格不同、促销不同、服务不同，顾客体验冰火两重天；"左手打右手"，效率下降，投资回报下降，亟须改变。

（三）跨渠道阶段

2009—2012 年，在社会化媒体出现后，开始了跨渠道购物的尝试。顾客在多个渠道间平滑过渡、共享信息，可以在多个不同渠道上完成同一购物过程。实体店铺与虚拟店铺交织，虚拟店铺逐渐被重视，是"鼠标加水泥加移动网络"的零售时代。

（四）全渠道阶段

从 2013 年开始，企业更关注顾客体验，有形店铺地位弱化，这是"鼠标加水泥加移动网络"的全渠道零售时代。由于信息技术进入社交网络和移动网络时代，形成了在全渠道上工作和生活的群体，导致全渠道购物者崛起，一种信息传递路径就成为一种零售渠道。

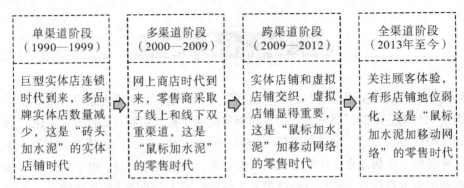

单渠道阶段 （1990—1999）	多渠道阶段 （2000—2009）	跨渠道阶段 （2009—2012）	全渠道阶段 （2013年至今）
巨型实体店连锁时代到来，多品牌实体店数量减少，这是"砖头加水泥"的实体店铺时代	网上商店时代到来，零售商采取了线上和线下双重渠道，这是"鼠标加水泥"的零售时代	实体店铺和虚拟店铺交织，虚拟店铺显得重要，这是"鼠标加水泥"加移动网络的零售时代	关注顾客体验，有形店铺地位弱化，这是"鼠标加水泥加移动网络"的零售时代

图 2-1　零售渠道变革路线图

三、全渠道零售内容

全渠道零售内容如图 2-2 所示。

图 2-2　全渠道零售

实体渠道的类型包括实体自营店、实体加盟店、电子货架、异业联盟等；电子商务渠道的类型包括自建官方 B2C 商城，进驻电子商务平台如淘宝店、天猫店、拍拍店、QQ 商城店、京东店、苏宁店、亚马逊店等；移动商务渠道的类型包括自建官方手机商城，自建 App 商城，微商城，进驻移动商务平台如微淘店等。

四、全渠道零售特征

全渠道零售具有三大特征：全程、全面、全线。

1. 全程

一个消费者从接触一个品牌到最后购买的全过程，会有五个关键环节：搜寻、比较、下单、体验、分享。企业必须在这些关键节点保持与消费者的全程、零距离接触。

2. 全面

企业可以跟踪和积累消费者的购物全过程的数据，在这个过程中与消费者及时互动，掌握消费者在购买过程中的决策变化，给消费者个性化建议，提升购物体验。

3. 全线

渠道的发展经历了单一渠道、分散渠道的发展阶段，到达了渠道全线覆盖即线上线下的全渠道阶段。这个全渠道就包括了实体渠道、电子商务渠道、移动商务渠道的线上与线下的融合。

五、全渠道零售对商贸流通的影响

全渠道零售理念对商贸流通业带来三大价值。

1. 全渠道零售是消费领域的革命

具体的表现是全渠道消费者的崛起，他们的生活主张和购物方式不同于以往，他们的消费主张是：我的消费我做主。具体的表现是他们在任何时候如早上、下午或晚间，任何地点如在地铁站、商业街、家中、办公室，采用任何方式如电脑、电视、手机、iPad，都可以购买到他们想要的商品或服务。

2. 全渠道零售是企业或商家的革命

理念上从以前的"终端为王"转变为"消费者为王"，企业定位确定、渠道建立、终端建设、服务流程、商品规划、物流配送、生产采购、组织结构全部以消费者的需求和习惯为核心。以渠道建设为例，企业必须由以往的实体渠道向全渠道转型，建立电子商务渠道和移动电子商务渠道，进行相应的流程建设，要建立营销、营运、物流配送流程，建立经营电商和移商渠道的团队，储备适应于全渠道系统的人才。

3. 全渠道零售拓展商家销售与营销范畴

除实体商圈之外的线上虚拟商圈，让企业或商家的商品、服务可以跨地域延伸，甚至开拓国际市场，也可以不受时间的限制 24 小时进行交易。实体渠道、电商渠道、移商渠道的整合不仅给企业打开千万条全新的销路，同时能将企业的资源进行深度优化，让原有的渠道资源不必再投入成本而能承担新的功能。如给实体店增加配送点的功能。又如通过线上线下会员管理体系的一体化，让会员只使用一个 ID（身份标识号）就可以在所有的渠道内通行，享受积分累积、增值优惠、打折促销、售后等服务。

六、全渠道零售管理系统

全渠道零售商务平台软件是围绕线上线下一体化打造的全渠道零售软件，集移动应用、社交网络信息技术于一体，可跨平台、跨数据库灵活部署，能有效解决时尚品牌企业多品牌运营、统一库存共享、全方位订单中心、线上线下清算、全网会员体系等各业务维度的整合应用问题，成就企业智慧零售，为企业的转型创新提供保障，同时提升消费者和客户体验，为企业创造更高价值。

1. 全渠道零售管理系统业务结构

全渠道零售管理系统业务结构如图 2-3 所示。

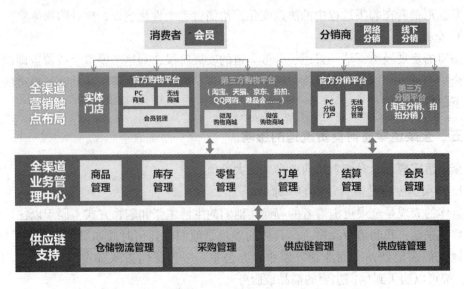

图 2-3　全渠道零售管理系统业务结构

2. 全渠道零售管理系统功能模块

全渠道零售管理系统功能模块如图 2-4 所示。

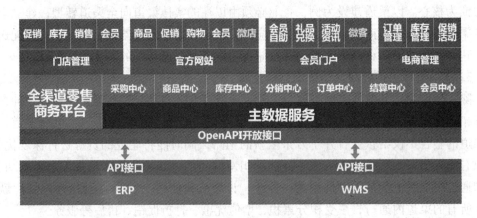

图 2-4　全渠道零售管理系统功能模块

3. 全渠道零售管理系统架构

全渠道零售管理系统架构如图 2-5 所示。

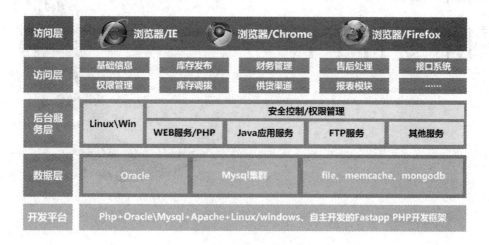

图 2-5　全渠道零售管理系统架构

 思考题

1. 什么是零售业态？
2. 传统零售业态为什么必须向全渠道零售业态转型升级？
3. 什么是网络零售业态？
4. 网络零售业态包含哪些类型？各自有什么商业模式？
5. 什么是全渠道零售？
6. 全渠道零售管理系统主要功能模块有哪些？

第三章

网络零售平台

学习目标和要求

　　本章主要阐述网络零售平台的内涵、分类、功能，中国网络零售产业的发展历程，中国网络零售产业在全世界所处的地位，中国网络零售产业发展的原因，中国主要的网络零售平台、商业模式、经营规模。通过本章学习，学生应达到以下目标和要求：

　　（1）认识并掌握网络零售平台内涵、分类及其主要功能。

　　（2）学习并了解中国网络零售产业的发展历程、行业地位、发展原因。

　　（3）学习并掌握中国主要的网络零售平台及其商业模式。

本章主要概念

　　网络零售平台　电子商务网站　网络零售开放平台　网络零售垂直平台　网络零售独立商城　IP 流量　GMV　PV　转化率

第一节　网络零售平台概述

　　网络零售平台是指为企业或个人提供网上交易洽谈的平台。企业电子商务平台是建立在互联网上的进行商务活动的虚拟网络空间和保障商务顺利运营的管理环境，是协调、整合信息流、物质流、资金流，使其有序、关联、高效流动的重要场所。企业、商家可充分利用电子商务平台提供的网络基础设施、支付平台、安全平台、管理平台等，共享资源，有效地、低成本地开展自己的商业活动。

一、网络零售平台的作用

1. 为企业或个人提供网上交易服务的中介

电子商务建设的最终目的是发展业务和应用。一方面网上商家以一种无序的方式发展，会造成重复建设和资源浪费，电子商务平台可以帮助中小企业甚至个人自主创业，独立经营一个互联网商城，达到快速盈利的目的，而且只需要很低的成本就可以实现这一愿望；另一方面商家业务发展比较低级，很多业务仅以浏览为主，需通过网外的方式完成资金流和物流的流动，不能充分利用互联网无时空限制的优势。因此，有必要建立一个业务发展框架系统，规范网上业务的开展，提供完善的网络资源、安全保障、安全的网上支付和有效的管理机制，有效地实现资源共享，从而实现真正的电子商务。

2. 为企业或个人网上交易提供基于互联网的公共服务

企业电子商务平台的建设，可以建立起电子商务服务的门户站点，是现实社会到网络社会的真正体现，为广大网上商家以及网络客户提供一个符合中国国情的电子商务网上生存环境和商业运作空间。企业电子商务平台的建设，不仅仅是初级网上购物的实现，它能够有效地在互联网上构架安全和易于扩展的业务框架体系，实现 B2B、B2C、C2C、O2O、B2M、M2C、B2A（即 B2G）、C2A（即 C2G）、ABC 模式等应用环境，推动电子商务在中国的发展。发展电子商务，不是一两家公司就能够推动的，需要更多专业人士共同参与和奋斗，共同发展。

二、网络零售平台的特点

1. 更广阔的环境

人们不受时间的限制，不受空间的限制，不受传统购物的诸多限制，可以随时随地在网上交易。网络零售平台，使我们在特定的时间里能够接触到更多的客户，为我们提供了更广阔的发展环境。

2. 更广阔的市场

在网上，这个世界将会变得很小，一个商家可以面对全球的消费者，而一个消费者可以在全球的任何一个商家购物。一个商家可以服务不同地区、不同类别的客户群，在网上能够收集到丰富的买家信息，进行数据分析。

3. 更快速的流通和低廉的价格

电子商务减少了商品流通的中间环节，节省了大量的开支，从而也大大降低了商品流通和交易的成本。通过电子商务，企业能够更快地匹配买家，实现真正的产供销一体化，从而节约资源，减少不必要的生产浪费。

4. 更好的技术支撑

网络零售平台为企业或个人提供的及时响应、安全支付、物流追踪、数据安全等技术支撑，以及搜索、店铺优化、流量导入、支付工具、数据分析、数据存储、物流资源整合、促销活动、信用评价等系统服务，有效地降低了企业或个人从事网络零售业务的技术门槛和成本，提高了社会的资源配置效率。

三、网络零售平台的主要功能

网络零售平台可提供网上交易和管理等全过程的服务，因此它具有广告宣传、咨询洽谈、网上订购、网上支付、电子账户、服务传递、意见征询、交易管理等各项功能。

1. 广告宣传

网络零售可凭借企业的 Web 服务器和客户的浏览，在 Internet 上发布各类商业信息。客户可借助网上的检索工具（search）迅速地找到所需商品信息，而商家可利用网上主页（home page）和电子邮件（E-mail）在全球范围内进行广告宣传。与以往的各类广告相比，网上的广告成本最为低廉，而给顾客的信息量却最为丰富。

2. 咨询洽谈

网络零售可借助非实时的电子邮件（E-mail）、新闻组（news group）和实时的讨论组（chat）来了解市场和商品信息、洽谈交易事务，如有进一步的需求，还可用网上的白板会议（whiteboard conference）来交流即时的图形信息。网上的咨询和洽谈能超越人们面对面洽谈的限制，提供多种方便的异地交谈形式。

3. 网上订购

网络零售可借助 Web 中的邮件交互传送实现网上的订购。网上的订购通常都是在产品介绍的页面上提供十分全面的订购提示信息和订购交互格式框。当客户填完订购单后，通常系统会回复确认信息单来保证订购信息的收悉。订购信息也可采用加密的方式使客户和商家的商业信息不会被泄漏。

4. 网上支付

网络零售要成为一个完整的过程，网上支付是重要的环节，客户和商家之间可采用信用卡账号进行支付，在网上直接采用电子支付手段可省去交易中很多人员的开销。网上支付需要更为可靠的信息传输安全性控制以防止欺骗、窃听、冒用等非法行为。

5. 电子账户

网上的支付必须有电子金融来支持，即银行或信用卡公司、保险公司等金融单位要为金融服务提供网上操作的服务，而电子账户管理是其基本的组成部分。

6. 服务传递

对于已付了款的客户，应将其订购的货物尽快地传递到他们的手中，而有些货物在本地，有些货物在异地，电子邮件能在网络中进行物流的调配，因而最适合在网上直接传递的货物是服务和信息类产品。

四、网络零售平台的主要类型

1. B2C 平台

B2C，中文简称为"商对客"，是电子商务的一种模式，也就是通常说的直接面向消费者销售产品和服务的商业零售模式。这种形式的电子商务一般以网络零售业为主，主要借助于互联网开展在线销售活动。B2C 即企业通过互联网为消费者提供一个新型的购物环境——网上商店，消费者通过网络在网上购物、进行网上支付等。B2C 平台仍然是很多企业进行网上销售的第一选择。

2. 独立网上商城

独立网上商城是指凭借商城系统打造含有顶级域名的独立网店。独立网上商城是通过网店系统、商城系统等网上购物系统构建成的商城，是区别于其他多用户商城性质的商城。独立网上商城就像现实生活中的大型商场一样，拥有自己独立的店标、品牌、独立的企业形象。开独立网上商城的好处是：顶级域名、自有品牌、企业形象、节约成本、自主管理、不受约束。

3. C2C 平台

C2C 平台是指采用了 C2C 经营模式的网站，译为"顾客对顾客"，指直接为客户间提供电子商务活动平台的网站，是现代电子商务的一种。C2C 网站就是为买卖双方交易提供的互联网平台，卖家可以在网站上登出其想出售商品的信息，买家可以从中选择并购买自己需要的物品。例如拍卖网站就属此类，最著名的是 eBay 网站。另外，一些二手货交易网站也属于此类。

4. CPS 平台

CPS（cost per sales，即按销售付费）联盟比"供应商代发货"模式更进一步。CPS联盟实际上就是一种广告，以实际销售产品数量来计算广告费用，是最直接的效果营销广告。CPS 广告联盟就是按照这种计费方式，把广告主的广告投放到众多网站上。

CPS 模式成为主流推广模式的很大原因就是零风险。投广告时，很有可能花了大价钱而转化率却很低，竞价、直通车可能没有产生订单，但是 CPS 是产生了销售额才会有佣金，ROI（return on investment）转化率较高。

5. O2O 平台

O2O（online to offline）即线上网店线下消费，是指商家通过免费开网店将商家信息、商品信息等展现给消费者，消费者在线上筛选服务并完成支付，线下进行消费验证和消费体验。O2O 平台由于其高性价比，受到很多用户青睐。

6. 银行网上商城

传统银行开设网上商城的目的是让使用信用卡的用户分期付款。随着电子商务普及、用户需求增强、技术手段提升，银行网上商城也逐步成熟起来。银行网店为用户提供了全方位服务，包括积分换购、分期付款等，也覆盖支付、融资、担保等业务，作用最为显著的是给很多商家提供了展示、销售产品的平台和机会。

7. 运营商平台

通信运营商如中国移动、中国联通、中国电信现阶段都有属于自己的商城平台。由于通信业务的硬性需求，运营商平台的用户始终具有一定的依赖性和黏性，所以提前抢占这些平台具有很大的战略意义，可抢占网络零售市场。

8. 第三方电子商务

B2T2B（business to third party to business），是指中小企业依赖第三方提供的公共平台（如阿里巴巴、环球资源、Directindustry 平台）来开展电子商务。真正的电子商务应该是专业化、具有很强的服务功能、具有"公用性"和"公平性"的第三方服务平台，信息流、资金流、物流三个核心流程能够很好地运转。平台的目标是为企业搭建一个高效的信息交流平台，创建一个良好的商业信用环境。

第二节　网络零售产业发展

一、网络零售产业现状①

（一）网络零售产业总体规模

1. 2022 年 1—12 月中国网上零售额达到 13.8 万亿元

2022 年，尽管遭受疫情反复冲击，全年社会消费品零售总额稳定在 44 万亿元左右，其中实物商品网上零售额达到了 12 万亿元。我国仍然是全球第二大消费市场和第一大网络零售市场，超大规模市场优势依然明显。2022 年，我国固定资产投资规模突破 57 万亿元，比上年增长 5.1%，增速比 2021 年加快 0.2 个百分点，为经济持续增长提供有力支撑。

2022 年，消费市场受到疫情冲击较大，特别是聚集性、接触性消费受限，对整个消费市场形成的冲击较大。另外，居民消费意愿也在下降，全年社会消费品零售总额下降 0.2%，消费市场受疫情短期扰动比较明显。党中央、国务院及时出台了一些促消费政策，稳住了国内消费市场，一些新变化出现。12 月份市场销售出现边际改善。12 月，社会消费品零售总额同比下降 1.8%，降幅比 11 月份收窄了 4.1 个百分点。新型消费发展较快，网上零售占比稳步提升。2022 年 1—12 月全国网上零售额达到 137 853 亿元，比上年累计增长 4%（见图 3-1）。其中，实物商品网上零售额达到 119 642 亿元，累计增长 6.2%，占社会消费品零售总额的比重为 27.2%（见图 3-2）；在实物商品网上零售额中，吃类、穿类、用类商品分别增长 16.1%、3.5%、5.7%。2022 年全国实物商品网上零售额占社会消费品零售总额的比重为 27.2%，比上年提高 2.7 个百分点。升级类消费需求也在持续释放。

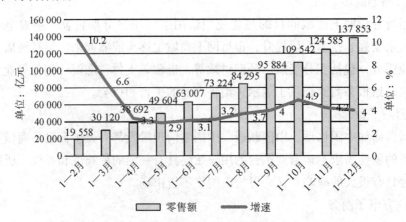

图 3-1　相较于 2021 年，2022 年中国网上零售额及增长情况

---

① 数据来源：根据中华人民共和国商务部发布的 2022 年网上零售额数据整理。

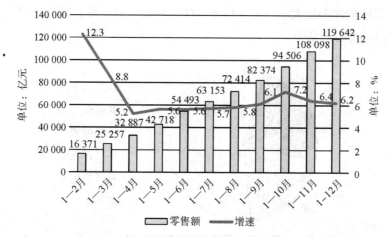

图 3-2　相较于 2021 年，2022 年中国实物商品网上零售额及增长情况

2. 中国网络零售市场步入成熟期

虽然 C2C 模式是中国网络零售市场高速增长的起点，但经过数年发展，中国网络零售市场已经步入成熟期，市场逐渐向着规范化、品质化及多元化的方向演进。B2C 市场交易规模远超 C2C，网售模式出现反转，网购端口也在随着技术的发展而转移。移动端交易规模大幅增长，成为网络消费模式主流。

（二）网货品类分布

在 2022 年中国网络零售市场中，"服装、鞋帽、针纺织品"网货品类占比居首，市场份额为 21.7%；排名其次的是"日用品"，占比为 14.8%；第三名是"家用电器和音响器材"，占比为 10.7%。从增速看，中西药品、金银珠宝、建筑及装潢材料、粮油食品同比增速较快，分别达 40.9%、39.0%、24.6% 和 21.9%。以图书音像和数码家电为代表的品类由于其标准化程度高容易引发价格战，竞争尤为激烈。服装、鞋帽和箱包类等产品标准化程度低，在季节变换和节假日促销的影响下，用户的显性需求与隐形需求将被有效激发，未来网络零售市场发展空间依然巨大。日用品等消费频次高、周转率高，哪怕是在信息相对透明、易引发价格战的电商平台，仍有发展的余地。

需要特别注意的是，小众需求在网络渠道受到重视，长尾商品逐渐显现出巨大的盈利能力。网络提供了足够宽广且廉价的零售平台，使得原本"小众"到难以支撑起一个实体零售网点的需求在网络零售平台上得以满足，并且这些零散却数量巨大的小众需求带来的销售总额并不亚于畅销商品。

（三）网络零售产业市场结构

网络零售市场发展已经步入相对成熟的阶段，整体增速下降与竞争格局相对稳定成为目前网络零售市场的两大特征。C2C 市场格局稳定，B2C 市场竞争愈加激烈。淘系平台①多年占据中国零售市场大部分市场份额；其次是京东和拼多多，市场份额约为 20% 和 15%；剩下的市场被抖音、快手等新兴电商平台占据，如图 3-3 所示。对上述每家电商的 GMV（gross merchandise volume，商品交易总额）进行观察（见表 3-1），发现阿里、京东已经处于相对稳定的增速，但拼多多、抖音、快手则仍然有不错的增速。尤其

---

① 淘系平台指阿里巴巴淘宝体系下的平台，包括天猫、淘宝、聚划算、阿里妈妈等。

是在 2020 年受疫情冲击较大的一年，拼多多增长 66%、抖音增长接近 300%、快手增长 500%，展现出新平台的活力。

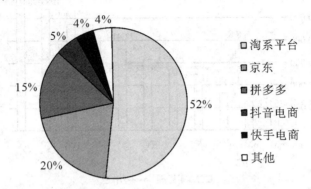

图 3-3 零售电商平台份额占比

表 3-1 2015—2020 年各电商的 GMV 复合年均增长率

电商平台	2015 年	2016 年	2017 年	2018 年	2019 年	2020 年
淘系平台	26.50%	21.80%	28.00%	18.80%	15.10%	13.70%
京东	143.50%	59.00%	37.80%	29.50%	24.40%	25.30%
拼多多				234.00%	113.40%	65.70%
唯品会				20.80%	13.10%	11.30%
抖音						300.00%
快手						539.50%

（四）网购人群规模

截至 2022 年 12 月，我国网络购物用户规模达 8.45 亿，较 2021 年 12 月增长 319 万，占网民整体的 79.2%，如图 3-4 所示。

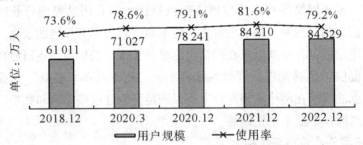

图 3-4 2018 年 12 月—2022 年 12 月中国网购者规模

二、网络零售产业增长原因解析

艾瑞咨询分析认为，推动中国网络零售市场交易规模增长的主要因素有两个方面：

（一）供给层面

1. 服务不断完善

网络零售运营商不断完善产业链，加大仓储、物流、支付等体系建设。2022 年以来，电商平台日益重视扎根实体经济，积极帮助品牌商家挖掘新的增长点，提供营销、

网络零售学教程

· 26 ·

数据、场景支持，助力品牌推陈出新；品牌商、渠道商及其他互联网巨头纷纷加大在电子商务行业的投资、营销等力度，极大地提高了网络零售商品和服务的质量，丰富了网购者的选择，并推动了网络零售市场向规范化方向发展。

2. 有效降低网购门槛

快捷登录、快捷支付等方式的出现降低了消费者网络购物的操作门槛，不断加大网络购物应用在网民中的渗透。

（二）需求层面

1. 网民与网购者人数规模增长迅速

中国网民规模平稳增长。中国互联网络信息中心（CNNIC）公布的数据显示，至 2022 年 12 月，我国网民规模为 10.67 亿，较 2021 年 12 月 3549 万，互联网普及率达 75.6%，较 2021 年 12 月提升 2.6 个百分点；我国手机网民规模为 10.65 亿，较 2021 年 12 月新增 3636 万，网民中使用手机上网的比例为 99.8%（如图 3-5、图 3-6 所示）。持续增加的网民数量成为网购人群增长的重要基础，同时，网购也成为使消费者变为网民的一个推动力和目标。

图 3-5　中国网民规模与普及率

资料来源：CNNIC《第 51 次中国互联网络发展状况统计报告》（2023 年 3 月）。

图 3-6　手机上网网民规模

资料来源：CNNIC《第 51 次中国互联网络发展状况统计报告》（2023 年 3 月）。

2. 网购信任感、依赖性增强

中国各部委共同推进网络零售中的消费者权益保障，不断降低消费者网络购物心理门槛。用户对网上购物信任程度和依赖程度进一步加深，人均网购消费支出持续增加。

具体如表 3-2、图 3-7 所示。

表 3-2　2021 年 12 月—2022 年 12 月各类互联网应用用户规模和网民使用率

应用	2021 年 12 月		2022 年 12 月		增长率/%
	用户规模/万	网民使用率/%	用户规模/万	网民使用率/%	
即时通信	100 666	97.5	103 807	97.2	3.1
网络视频	97 471	94.5	103 057	96.5	5.7
短视频	93 415	90.5	101 185	94.8	8.3
网络支付	90 363	87.6	91 144	85.4	0.9
网络购物	84 210	81.6	84 529	79.2	0.4
网络新闻	77 109	74.7	78 325	73.4	1.6
网络音乐	72 946	70.7	68 420	64.1	-6.2
网络直播	70 337	68.2	75 065	70.3	6.7
网络游戏	55 354	53.6	52 168	48.9	-5.8
网络文学	50 159	48.6	49 233	46.1	-1.8
网上外卖	54 416	52.7	52 116	48.8	-4.2
线上办公	46 884	45.4	53 962	50.6	15.1
网约车	45 261	43.9	43 708	40.9	-3.4
在线旅行预订	39 710	38.5	42 272	39.6	6.5
互联网医疗	29 788	28.9	36 254	34.0	21.7
线上健身	—	—	37 990	35.6	—

资料来源：CNNIC《第 51 次中国互联网络发展状况统计报告》（2023 年 3 月）。

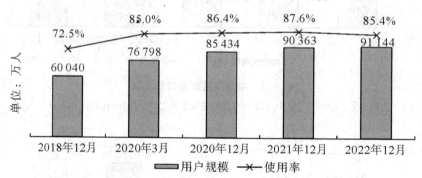

图 3-8　2018.12—2022.12 网络支付用户规模及使用率

资料来源：CNNIC《中国互联网络发展状况统计报告》（2012 年 1 月）

第三节　中国主要网络零售平台

一、中国主要网络零售平台介绍

（一）淘宝网

1. 淘宝网简介

淘宝网（www.taobao.com）于 2003 年 5 月 10 日由阿里巴巴集团投资创立，除了服务外，淘宝网本身并不销售任何商品，而是连接买卖双方的网络交易平台。其主页如图3-8所示。在发展过程中，淘宝网连续攻克了制约网络零售产业发展，变网络远程交易可能为现实的支付、物流与信用"三座大山"。2004年12月，支付宝横空出世，并与众多网上银行合作形成战略联盟。第三方物流加盟并出台信用评级标准，淘宝网从单一域名（www.taobao.com）中演化出了天猫（www.tmall.com）、支付宝（www.alipay.com）、一淘网（www.etao.com）、阿里巴巴银行（www.alibank.com），形成集网络零售交易平台（包括B2C和C2C）、第三方支付、购物搜索引擎、物流仓储、网络金融于一身的"2+4"网络零售产业链格局。随着2010年"大淘宝"战略中的"开放与输出"战略启动，淘宝网开始突破从属于零售业的传统行业归属藩篱，全面向物流业、金融业、创意产业、社会公共事业等复合型行业迈进。

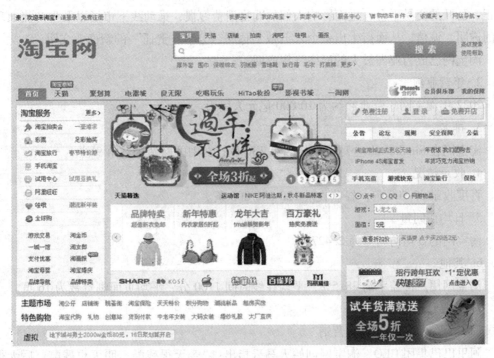

图3-8 淘宝网主页

截至2022年底，淘宝网注册用户已达8.4亿，支付宝注册用户高达8亿，覆盖中国绝大部分网购人群。作为中国最大的电商平台之一，淘宝一直处于快速发展的状态，在不断进行平台升级和移动端优化。2021年其市场份额大于50%，位居中国电商市场榜首，淘宝移动端的活跃用户数达到7.32亿。

淘宝网从创立之初的数千种商品门类发展到今天，交易客体在满足"合法"与"道德"底线的前提下加速扩张……交易商品门类包括汽车、房产等大额耐用商品，黄金、钻石、珠宝等奢侈品，服饰、家居用品、食品等生活必需品，生鲜农活产品和冷链食品，以及网店运营培训、托管、装修、摄影、网货质检等服务，还包括网络游戏装备交易区、虚拟货币交易区、水、电、气、房租、物管费、彩票等，品类丰富。据统计，2011年，在淘宝网上交易的网货已达100余个大品类，1000余个亚品类，10 000种小类，100 000种商品，1 000 000种型号、款式、颜色，10 000 000种线下与线下服务型产品与创意产品。2010 年，淘宝网宣布实施"大淘宝"战略，开放 B2C 平台，对所有零售形态全面开放：一方面，引入超过 7 万个品牌和 5 万个商家进驻淘宝商城，包括优衣库、联想、戴尔、李宁、Gap、雷朋、宝洁、科勒、杰克琼斯、曲美家居等传统品牌。另一方面，引入垂直网站，如凡客网、百丽网、一号店网、库巴网、银泰网、麦考林网、易讯网、乐淘网、新蛋网、好乐买网、红孩子网、走秀网、唯品会网等，先期进驻淘宝商城，这使得淘宝网从网络零售购物平台演变成为网络零售购物消费的门户型网站，其涵盖的商品数量不能简单地以亿为单位计量了，已跃升至数十亿级的网货门类。

时兴的淘宝直播一年就带动就业超过 173 万人，除了主播还诞生了助播、选品、脚本策划、运营、场控等多种职位。并且淘宝开店店主中，"90 后"与"00 后"超 400 万，为职场带来新兴风潮。大淘宝的出现将为整个网络购物市场打造一个透明、诚信、公正、公开的交易平台，进而影响人们的购物消费习惯，推动线下市场以及生产流通环节的透明、诚信，从而衍生出一个"开放、透明、分享、责任"的新商业文明。

淘宝网已成为亚洲最大的网络零售商圈。

2. 年营业额

2022 年淘宝网年营业额约为 10 000 亿元人民币。

3. 排名

淘宝网在 Similarweb 全球网站排名第 136 位，在中国网站排名第 9 位。

4. 收录情况

百度收录 39 500 条，谷歌收录 120 000 000 条。

5. 日均访问量

淘宝网的日均访问量为 2.427 亿。

6. 其他

淘宝网用户覆盖率约 28.5%，平均在线时间 1100 分，平均页面浏览数为 16 页。

7. 主要营销特色

（1）网络零售产业执着营销

阿里巴巴集团 CEO、淘宝网创始人马云指出："今天很残酷，明天更残酷，后天很美好，但是绝大多数人死在明天晚上，见不着后天的太阳。""最大的失败是放弃，最大的敌人是自己，最大的对手是时间。"可见执着地坚持基于网络的流通是未来社会生产、交换、流通、消费发展的必然趋势，也是未来市场营销发展的必然趋势，传统店铺营销转向网络零售营销是营销科学发展的必然方向，有着其特殊性规律，要不断地探索和把握其特殊性规律。

（2）B2B2C2C 全网络零售产业链平台营销

只有坚持面向终端的零售才能确保在供应链上的所有价值的最终实现，果断地从面向供应链向零售转型是阿里巴巴公司成功的起点，它将原本分离的 B2B、B2C、C2C 全程链接打通，形成 B2B2C2C 全网络零售产业链平台，主要由 C2C 和 B2C 双轮驱动连接买卖双方，其本身是不采购、储存、销售除服务之外的任何商品的网络交易平台。

（3）攻克"三座大山"，变网络零售可能为现实营销

攻克和突破制约网络零售产业发展的支付、物流与信用"三座大山"，变网络零售

远程交易可能为现实，从机制、技术、手段、方法、技巧等方面为网货向货币转化的网络零售营销创造条件。

①在线支付担保服务营销

支付宝的推出，解决了买家先付钱而得不到所购买的产品或得到的是与卖家在网上的声明不一致的劣质产品的担忧；同时也解决了卖家先发货而得不到钱的担忧。支付宝的实质是以支付宝为信用中介，在买家确认收到商品前，由支付宝替买卖双方暂时保管货款的一种增值服务。2009年7月6日，支付宝宣布其注册会员数量突破2亿人，覆盖了中国绝大部分网购人群。可以说，支付宝的诞生不仅仅是淘宝的一个里程碑，也是中国电子商务的里程碑。目前，淘宝网的支付宝已经同工商银行、建设银行、农业银行、招商银行和交通银行等联手，并且和VISA战略结盟，将这种安全支付手段推向全球。

②第三方物流服务营销

除无形网货（有些须出具票据的无形网货除外）无须物流外，有形网货交易均需物流完成送达。在淘宝网形成的网络零售产业链生态中，第三方物流起着非常重要的作用。围绕淘宝网，众多第三方物流企业与众多卖买双方共生共荣。

2010年，淘宝网宣布在北京、上海、广州、深圳、成都的"淘宝大仓"投入运营，2011年还与第三方物流合作在全国20多个省市建立物流配送中心。在淘宝与第三方物流企业的合作中，物流企业负责提供线下的仓库和人工（是物流企业已有的资源），淘宝负责提供订单，制定统一的配送标准，并将线上的卖家订单信息与物流企业对接。

③信用体系建设营销

一是淘宝网的实名认证。登录淘宝网，在"我的淘宝"点击"实名认证"，进入认证申请页面，会出现选择框"免费个人认证"和"免费商家认证"。用户填写所需资料，并提供在有效期内的证件和固定电话登记。淘宝与公安部下属身份证查询中心合作，将认证资料移交国家有关部门进行核对认证，并进行固定电话审核。验证结果以站内信件、电子邮件或者电话等形式告知。一旦淘宝发现用户注册资料中主要内容是虚假的，淘宝可以随时终止与该用户的服务协议。

二是利用网络信息共享优势，建立公开透明的信用评价系统。淘宝网的信用评价系统的基本原则是：成功交易一笔买卖，双方对对方做一次信用评价。评价分为"好评""中评""差评"三类，"好评"加一分，"中评"不加分，"差评"扣一分。淘宝的声誉系统还分别统计了用户作为买家和卖家的好评率，使消费者一目了然，并将用户的信用度形象划分了15个等级，从最低级的1颗红心到最高级的5颗金皇冠。

（4）免费开店营销

免费是短时间聚集人气的关键。特别是在中国有易趣（eBay）在前，淘宝网要想迎头赶上，别无他法。同时，网上开店已经成为一种新的创业模式，用免费的方式可以让更多网民乐于尝试。淘宝网从2003年7月成功推出之时，就以3年"免费牌"迅速打开中国C2C市场，并在短短3年时间内，打下了半壁江山，取代易趣坐上了中国C2C老大的交椅。2005年10月19日，阿里巴巴宣布"淘宝网将再继续免费3年"，这是为了保证淘宝网龙头老大的地位而实行的战略。2008年10月8日，淘宝在新闻发布会上宣布继续免费。坚持"免费营销"这一网络零售时代营销的第一法则，始终高举"免费注册""免费开店"以切入、启动网络零售市场，并最大化买卖双方两个客户群体数量，最终通过交易资金沉淀、增值服务、网络零售广告、战略联盟等赢利，突破和颠覆了传统零售商业企业的"进销差价"赢利模式，为网络零售营销的网络零售交易平台赢利模式提供了全新的思路和案例。

（5）交易平台服务"1+N=∞"营销

由于淘宝网本身是不采购、存储、销售除服务之外的任何商品的网络交易平台，平台为各类网商营销创造基础性条件，各类网商利用平台自主开展营销决策，变网络零售垂直网站营销的集中决策为分散决策，实现了网络交易平台与各类网商两个营销主体在营销职能上的分工、合作与互补整合，充分发挥了各级各类网商的主动性、能动性、积极性和创造性，并把网络零售整合营销发挥到了极致，极大地推动了网络零售营销的实践和创新，并推动了网络零售营销科学的发展，实现了网络零售营销的"1+N=∞"。

（6）不断创新

淘宝网不断创新网络零售交易平台营销新渠道、新模式、新手段、新技术、新技巧，以"聚划算"为代表的网络团购、以"手机淘宝"为代表的手机网购，以"支付宝"手机客户端为代表的移动支付、以"淘日本"为代表的跨国网购、以"淘宝服务平台"为代表的网络服务交易以及以"淘宝客"和"淘宝天下"等为代表的 SNS（social network services，社会性网络服务），为各级各类网商的营销提供了几乎无限的可能和机会。

（7）大淘宝战略

2010 年启动的"大淘宝战略"秉持"开放"与"输出"态度，使淘宝向网络零售购物消费的门户型网站演进，为社会各级各类组织、企业、商业与社会团体、个人等开展网络营销提供了平台、工具和技术支持。

（8）商务交易谈判即时通信工具营销

阿里旺旺，一种供网上注册的用户之间通信的即时通信软件，是淘宝网官方推荐的沟通工具。阿里旺旺（淘宝版）主要分为 2 个版本：卖家版、买家版。淘宝网同时支持用户以网站聊天室的形式通信，淘宝网交易认可淘宝旺旺交易聊天内容作为电子证据。作为淘宝主要的即时通信工具，阿里旺旺在淘宝网用户的线上交流和交易过程中发挥着越来越大的作用。

（9）跨渠道整合营销

2009 年 12 月，淘宝和湖南卫视合作组建"快乐淘宝"公司，联手拓展电视网购新市场，不仅于 2010 年 4 月在湖南卫视推出"快乐淘宝"节目，还在淘宝网上开辟"快乐淘宝"子频道专区和外部独立网站，创建电子商务结合电视传媒的全新商业模式。2019 年故宫淘宝上线，通过与网红 IP 合作挖掘出自身特色，打造自己的品牌文化和产品。此外还通过一些独特且具吸引力的广告事件来吸引消费者，根据自身特点利用其他平台进行资源整合营销。

（10）增值服务营销

淘宝旺铺是相对普通店铺而言的，每个在淘宝新开的店都是系统默认产生的店铺界面，就是常说的普通店铺。而淘宝旺铺（个性化店铺）服务是由淘宝提供给淘宝卖家，允许卖家使用淘宝提供的计算机和网络技术，实现区别于淘宝一般店铺展现形式的个性化店铺页面展现功能。简单来说，就是花钱向淘宝买一个有个性、全新的店铺门面。淘宝旺铺是淘宝提供的一种增值服务，如果需要使用，必须订购，是要支付相关费用的。

（11）网购客户体验营销

①网站界面设计。淘宝网一直坚持不断地改进和创新，使得网站的画面更加简洁，让访问网站的人一目了然。位于主页面右上角的导航系统简单明晰，即使是新手也绝不会感到无所适从。网站上的每一项功能都有丰富而完备的辅助知识和提示，犹如一个随身顾问。网站的布局和颜色搭配合理，给人舒适、轻松的感觉。网站上的商品分类井井有条，一览无余，图字清晰。所提供的搜索功能是目前国内 C2C 网站中最人性化的，其搜索引擎包括简单搜索和高级搜索两种，使消费者可以从各个角度对商品及卖家等进行搜索。

②客服中心。淘宝网的"客服中心"是其加强与用户互动的有力举措。一旦用户有什么不明白的问题，就可以到"客服中心"页面下寻求解决，客服中心包括帮助中心、淘友互助吧、淘宝大学和买/卖安全四大版块。淘宝网利用客服中心来对用户进行培植和引导，赢得了用户的积极响应。

③虚拟社区。淘宝的虚拟社区的成功建立，加强了消费者的信任，它是淘宝与用户以及用户与用户之间进行交流的工具。虚拟社区下设有建议厅、询问处、支付宝学堂、淘宝里的故事、经验畅谈居等版块。虚拟社区受到了广大用户的高度评价，营造了良好的诚信氛围。

8. 淘宝网营销思考要点

（1）阿里巴巴为什么要从 B2B 转战 C2C？

（2）淘宝网 C2C 为什么要向天猫（淘宝商城）B2C 发展，并实现"两轮驱动"？

（3）淘宝网变网络零售购物可能为现实的发展过程中先后遇到了哪些瓶颈？它们为什么必须突破"支付""物流""信用"三大障碍？是怎么突破的？

（4）为什么要创立支付宝？它在淘宝网发展壮大过程中发挥了什么作用？网上支付在网络零售中的作用和意义是什么？

（5）淘宝网为什么要创建即时通信工具阿里旺旺？它在交易中扮演了什么重要角色？

（6）淘宝网是如何确立与平衡网络交易平台与网商的职能与分工的？网络零售平台交易模式为什么能充分调动各级各类网商的主动性、能动性、积极性和创造性，并把网络零售整合营销发挥到极致？

（7）为什么淘宝网将交易的客体做了下要"保底"，即不得违反"法律"和"道德底线"，上不"封顶"的界定，而不是如某些垂直型购物网站一样将自己限制在某一类交易客体上？

（8）淘宝网为什么要"一分为多"，即从淘宝网拆分出支付宝、天猫（淘宝商城）、一淘网？未来还会有新的拆分吗？

（9）阿里巴巴为什么要将创建"阿里巴巴银行"作为集团的最高目标，并将其作为创业多年修成的正果？网络信贷在网络零售营销中起了什么作用？扮演了什么角色？

（10）淘宝网为什么要向网络零售购物消费的门户型网站发展？

（11）淘宝网为什么要不遗余力地跟踪最新的技术进步和科技发展步伐，如以云计算为核心的"阿里云""手机淘宝"支付宝手机客户端等？它与网络零售营销有何关系？

（二）京东商城

1. 京东商城简介

京东商城（www.jd.com）是中国 B2C 市场上最大的 3C 网购专业平台，是中国电子商务领域最受消费者欢迎和最具有影响力的电子商务网站之一。京东商城拥有遍及全国各地的超 2500 万注册用户，近 6000 家供应商，在线销售家电、数码通信、电脑、家居百货、服装服饰、母婴、图书、食品等 11 大类数百万种优质商品，日订单处理量超过 30 万单，网站日均 PV（page view，页面浏览量）超过 5000 万。2010 年，京东商城跃升为中国首家规模超过百亿元的网络零售企业，连续六年增长率均超过 200%，现占据中国网络零售市场份额 35.6%，连续 10 个季度蝉联行业头名。京东商城主页如图 3-9所示。

图 3-9　京东商城主页

2. 年营业额

2022 年京东商城年营业额约 10 000 亿元人民币。

3. 排名

京东商城在 Similarweb 全球网站排名第 190 位，在中国网站排名第 10 位。

4. 收录情况

百度收录 1 850 000 条，谷歌收录 297 000 条。

5. 其他

用户覆盖率约 2%，平均在线时间 530 分钟，平均页面浏览数 6.3 页。

6. 日均访问量

京东商城的日均访问量为 1.474 亿。

7. 营销点评

（1）品类营销

相较于同类电子商务网站，京东商城拥有更为丰富的商品种类，并凭借更具竞争力的价格和逐渐完善的物流配送体系等各项优势，取得市场占有率多年稳居行业首位的骄人成绩。京东商城图书频道悄然上线，与手机数码、电脑办公等商品并列于京东产品大分类。这也意味着京东商城将与当当、卓越等 B2C 展开更为激烈的竞争。

（2）三大核心竞争力营销

京东商城将坚持以"产品、价格、服务"为中心的发展战略，不断增强信息系统、产品操作和物流技术三大核心竞争力，始终以服务、创新和消费者价值最大化为发展目标，不仅将京东商城打造成国内最具价值的 B2C 电子商务网站，更要成为中国 3C 电子商务领域的翘楚，引领高品质时尚生活。

（3）团购营销

2010 年 12 月 23 日，京东商城团购频道正式上线，京东商城注册用户均可直接参与团购。目前该商城提供的团购服务主要以餐饮美食、娱乐休闲活动和非京东商品的实物团购为主，而 2023 年京东推出商品团购，各个类别均有产品参与。京东商城团购频道的推出，标志着中国电子商务巨头正式涉足团购领域，该领域将面临重新洗牌。

（4）极速物流送达营销

京东商城于 2009 年 1 月在上海建设自己的快递公司总部，同时在北京、上海、广州、成都建设四大配送中心，致力于将物流打造为核心竞争力。对于非实物商品，已售数量达成团数量后，消费者即会收到手机短信和邮件优惠码；而实物商品，在达到成团数量后，京东商城会将商品直接送到消费者手中。在京东商城采购的商品还将奉行"211 限时达"极速物流标准，以保证商品 24 小时内送达。

（5）第三方支付合作营销

目前京东商城 80% 的商品都可以货到付款，同时，京东商城还和快钱、支付宝、财付通、汇付天第三方支付工具合作，供消费者在线支付。

（三）当当网

1. 当当网简介

当当网（www.dangdang.com）是全球最大的综合性中文网上购物商城，由国内著名出版机构科文公司、美老虎基金、美国 IDG 集团、卢森堡剑桥集团、亚洲创业投资基金（原名软银中国创业基金）共同投资成立。1999 年 11 月，当当网正式开通。成立以来，当当网销售业绩增加了 400 倍。当当网在线销售的商品包括了家居百货、化妆品、数码、家电、图书、音像、服装及母婴等几十个大类，逾百万种商品，在库图书达到 60 万种。每天有上万人在当当网买东西，每月有 3000 万人在当当网浏览各类信息，当当网每月销售商品超过 2000 万件。当当网于美国时间 2010 年 12 月 8 日在纽约证券交易所正式挂牌上市。当当网主页如图 3-10 所示。

图 3-10　当当网主页

2. 年营业额

2022 年当当网年营业额约 15 亿元人民币。

3. 排名

当当网在 Similarweb 全球网站排名第 19 110 位，在中国网站排名第 611 位。

4. 收录情况

百度收录 4 190 000 条，谷歌收录 3 220 000 条。

5. 其他

当当网用户覆盖率约 3.2%，平均在线时间 500 分钟，平均页面浏览数 4.9 页。

6. 月均访问量

月均访问量为 270 万。

7. 营销点评

（1）让消费者享受"鼠标轻轻一点，好书尽在眼前"服务的背后，是当当网耗时近 7 年修建的"水泥支持"——庞大的物流体系，分布在北京、华东和华南近 2 万平方米的仓库，员工使用当当网自行开发的基于网络架构和无线技术的物流、客户管理、财务等各种软件，每天把大量货物通过空运、铁路、公路等不同运输手段发往全国和世界各地。在全国 192 个城市里，大量本地的快递公司为当当网的顾客提供"送货上门，当面收款"的服务。当当网这样的网络零售公司推动了网上支付、邮政、速递等服务行业的迅速发展。

（2）当当网的物流服务是当当网收到投诉最多的一个环节。尽管其在受理物流投诉过程中表现得非常专业，但就目前用户的反馈来说，物流环节还是当当网的一大硬伤。

（3）当当网提供繁多的商品、实惠的价格、快捷的搜索、灵活的付款方式、快速的送货服务，通过不断完善各种网络功能，保持并提升在全球中文书刊和音像网上零售业务上的领先地位。

（四）亚马逊中国

1. 亚马逊中国简介

亚马逊（www.z.cn）中国是全球最大的电子商务公司亚马逊在中国的网站。亚马逊中国，原名卓越亚马逊，是一家 B2C 电子商务网站，前身为卓越网。2004 年 8 月 19 日亚马逊公司宣布以 7500 万美元收购雷军和陈年创办的卓越网，将卓越网收归为亚马逊中国全资子公司，使亚马逊全球领先的网上零售专长与卓越网深厚的中国市场经验相结合，进一步提升了客户体验，并促进了中国电子商务的成长。2007 年亚马逊将其中国子公司改名为卓越亚马逊。2011 年 10 月 27 日亚马逊正式宣布将其在中国的子公司"卓越亚马逊"改名为"亚马逊中国"，并宣布启动短域名（www.z.cn）。亚马逊中国经营图书、音像、软件、影视等商品。卓越网创立于 2000 年，为客户提供各类图书、音像、软件、玩具礼品、百货等商品。亚马逊中国总部设在北京。亚马逊中国主页如图 3-11 所示。

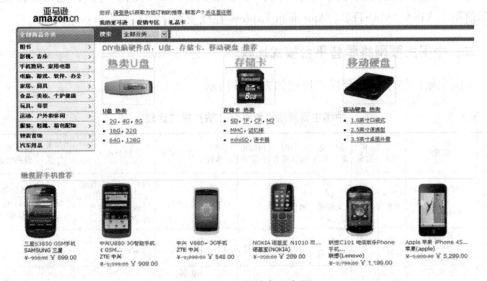

图 3-11　亚马逊中国主页

2. 年营业额

亚马逊中国 2020 年年营业额约 5000 亿元人民币。

3. 排名

亚马逊中国在 Similarweb 全球网站排名第 190 位，在中国网站排名第 233 位。

4. 收录情况

百度收录 6 240 000 条，谷歌收录 815 000 条。

5. 其他

亚马逊中国用户覆盖率约 3%，平均在线时间 330 分钟，平均页面浏览数 4.7 页。

6. 日均访问量

亚马逊中国日均访问量为 530 万。

7. 营销点评

（1）提升优化网购者体验

不断提升和优化消费者网购体验一直是亚马逊中国的目标。亚马逊中国又启用"一键下单"功能，直接为消费者省去 5 个网购步骤。相比过去的点击进入购物车、选择地址、付款、选择配送方式以及是否开具发票等一系列的常规操作步骤，"一键下单"可以在设置页面将地址、付款、运货方式、是否发票都提前进行固定设置，之后在每一次购买前只要点击"一键下单"，然后进行付款操作就可完成下单。目前，消费者无论通过电脑端还是手机端在亚马逊中国购物，都可以选择是否使用"一键下单"服务。这将过去的 11 步减至 6 步，对于使用手机在亚马逊中国购物的用户好处尤为明显。

（2）物流

在整个物流体系上，亚马逊中国的核心竞争力是由其自行研发的一套物流信息系统，这些采用亚马逊全条码扫描系统的运营中心，从网上收到订单到发货只需要 2 个小时的时间。

（3）货到付款营销

客户可选择货到付款作为支付方式，可用现金或 POS 机刷卡付款，也可选择使用国际信用卡 VISA、MASTER、American Express 在线支付。

二、中国主要网络零售平台模式比较

中国主要网络零售平台模式比较如表 3-3 所示。

表 3-3　　　　　　　　　　中国主要网络零售平台（站）模式比较

网站类型	名称	商业模式	B数量	第三方支付工具	即时通信服务	网站角色定位	营销主体数	交易客体	赢利模式	网络零售产业链生态	网络零售营销生态
网络零售交易平台类	淘宝网 www.taobao.com	C2C+B2C	n	√ 支付宝	√ 阿里旺旺	"2"	1+n	∞	网货款沉淀、保证金沉淀、技术服务、增值服务、网络广告、战略联盟	√	营销分散决策，百花齐放，百家争鸣
	易趣网 www.eachnet.com	C2C+B2C	n	√ 安付通	√ 易趣通	同上	1+n	同上	同上	×	同上
垂直购物网站	京东网 www.jd.com	B2C	1	×	×	B 和"2"	1	电器、3C、书籍、服装等 11 大类	进销差价、佣金	×	独立主体营销
	当当网 www.dangdang.com	B2C	1	×	×	同上	1	家居用品、服装、书籍、母婴用品等数十大类	同上	×	同上
	红孩子网 www.redbaby.com.cn	B2C	1	×	×	同上	1	集中在母婴用品类	同上	×	同上
	我买网 www.womai.com	B2C	1	×	×	同上	1	集中在食品饮料类	同上	×	同上
	一号店网 www.yihaodian.com	B2C	1	×	×	同上	1	集中在快销品类	同上	×	同上
团购网站	拉手网 www.lashou.com	B2C	—	×	×	介于B和"2"之间	1	集中在有形网货、生活（包括餐饮、娱乐）等类	同上	×	同上
	美团网 www.meituan.com	B2C	1	×	×	介于B和"2"之间	1	集中在有形网货、生活（包括餐饮、娱乐）等类	同上	×	同上

表3-3(续)

网站类型	名称	商业模式	B数量	第三方支付工具	即时通信服务	网站角色色定位	营销主体数	交易客体	赢利模式	网络零售产业链生态	网络零售营销生态
独立购物网站	凡客网 www.vancl.com	B2C	1	×	×	B和"2"	1	集中在服装类	生产利润、进销差价	×	同上
	麦包包网 www.mbaobao.com	B2C	1	×	×	同上	1	集中在箱包类	同上	×	同上
	钻石小鸟网 www.zbird.com	B2C	1	×	×	同上	1	集中在珠宝钻石类	同上	×	同上
生产厂商自建零售网站	海尔网上商城 ehaier.com	B2C	1	×	×	同上	1	生产厂家自产商品	同上	×	同上
	九牧王卫浴网上商城 www.midibi.cn	B2C	1	×	×	同上	1	同上	同上	×	同上
跨国网络零售网站	敦煌网 www.dhgate.com	B2C	1	×	×	B和"2"	1	集中在电器、服装等类	进销差价、佣金	×	同上
	大龙网 www.dinodirect.com	B2C	1	×	×	同上	1	同上	同上	×	同上
非实物网络零售交易平台类	猪八戒网 www.zhubajie.com	C2B	1	√ 易极付	×	2	1	集中在非实物创意商品类	佣金	×	同上
	任务中国 www.taskcn.com	C2B	1	×	×	同上	1	同上	同上	×	同上
	住哪网 www.zhuna.cn	B2C	1	×	×	介于B和"2"之间	1	集中在酒店、旅游、票务类	同上	×	同上
	携程网 www.ctrip.com	B2C	1	×	×	介于B和"2"之间	1	同上	同上	×	同上
	中国铁路客户服务中心官网 www.12306.cn/mormhweb	B2C	1	综合支付方式	×	B和"2"	1	单一铁路客票发售	生产利润	×	供不应求,无须营销

第四节 超级平台

一、概念

有人将我们的时代称为"VUCA"时代——一个充满易变性(volatile)、不确定性(uncertain)、复杂性(complex)和模糊性(ambiguous)的时代。

这意味着,我们的时代也是一个企业"大爆炸"的时代。

这"扁平化世界的领航者"是平台。它们是搭桥者、联结者和协同者,擅长通过创新工具和传统工具以及技巧和技术的使用,与消费者、客户、合作伙伴建立和维持动态网络和关系。它们占领用户的时间、有巨大的网络效应,结合未来趋势不断创新,发挥着不可小觑的作用。

可以预见的是，随着新一代信息技术带来生产力的巨大提升，传统产业数字化转型和智能化升级完成后，许多企业规模扩大，将既是创新的聚集地和智能商业的主体，又处于多维网络的中心节点，逐渐形成自己的商业生态系统，有能力完成企业级、产业级再到社会级的创新，有机会率先进化成未来的"超级平台"。

什么是超级平台呢？按照《互联网平台分类分级指南（征求意见稿）》的分级依据和分级方案，超级平台指同时具备超大用户规模、超广业务种类、超高经济体量和超强限制能力的平台。

其中，超大用户规模，即平台上年度在中国的年活跃用户不低于5亿；超广业务种类，即平台核心业务至少涉及两类平台业务，该业务涉及网络销售、生活服务、社交娱乐、信息资讯、金融服务、计算应用等六大方面；超高经济体量，即平台上年底市值（估值）不低于10 000亿元人民币；超强限制能力，即平台具有超强的限制商户接触消费者（用户）的能力。

超级平台拥有世界领先的研发能力。超级平台通常具有敏锐的技术前瞻性，具有丰沛的现金流储备，可以"不计成本"地对核心技术进行投入（或者通过收购创业公司等方式），在商业潜力尚未完全爆发的领域迅速切入新的赛道。

超级平台拥有强大的系统集成创新能力。超级平台最强的不是"单点突破"的能力，而是系统性创新的能力，它们可以围绕云计算、AI、5G等核心技术打造完善的创新生态链，做到"人无我有，人有我优"，成为产业创新的集大成者。

超级平台具有对外赋能的生态系统。超级平台通常是一个能够对外赋能的类似"热带雨林"的生态系统，在这里各种生物都能够充分吸收养分，完善自身生长。超级平台的生态繁荣，将进一步激发产业创新能力，实现"强者恒强"。

互联网这个旧引擎已步入技术革命的成熟期，云计算、人工智能、5G、物联网等作为新的技术驱动力日渐强劲，将颠覆现有的商业模式，重构产业链和价值链，影响未来20年乃至30年、50年的发展。在产业智能时代，会孵化出一批"新"谷歌、微软、BAT（百度、阿里巴巴、腾讯）的超级平台。

二、超级平台与新零售

互联网的兴起与快速普及催生了中国零售市场的网络化变革，时至今日高速发展的网络零售已成为零售市场至关重要的组成部分，而以阿里巴巴、京东为代表的电子商务企业也开始扮演起行业发展引领者的角色，面对持续放缓的网络零售市场开始了新一轮的攻城略地；与此同时，传统零售企业步入行业寒冬，面对业绩的持续下滑以及电子商务企业的侵袭，传统零售企业积极探索转型升级的路径。在这样的大背景下，阿里巴巴首次提出以消费者体验为中心，以数据和科技驱动的新零售形态，在进行基础设施建设的同时，大力推进线上线下融合的进程，通过资本运作、战略合作等方式，不断扩充着企业在线下的布局。同时，京东也以京东商城为核心，推进着O2O、物流、金融等业务的协同发展，并通过入股永辉超市、收购一号店达成与永辉和沃尔玛的战略同盟，业务版图得到持续扩张。在科技进步、资源聚集以及行业参与者融合创新的推动下，以消费者为中心的大型生态将逐渐显现。

以消费者为中心的零售大生态将由以下元素构成。

（1）消费者。新零售生态下，消费者成为生态的中心，消费场景、供应链、基础设施、科技都以精准捕捉并最大化满足消费者真实需求为目标进行构建和运用，最终实现如从"货—场—人"到"人—货—场"等多方位的转变。

（2）超级平台。领先的电子商务企业、品牌商、零售企业都有潜力通过整合多种行业资源和基础设施，转型成为生态系统内的其他零售商、品牌商提供基础设施和技术资源的超级平台，进而成为资源、数据、用户等的汇聚点。

（3）品牌商、零售商、生产商。在新的生态系统下，生产商、品牌商、零售商仍旧是生产流通环节的主要参与者，但是由于数据流、物流、金融流等逐渐打通的需要，各方的融合与协同将更加普遍，与消费者的对接也将更加直接和多元。同时，超级平台作为资源、技术和基础设施的整合和分配者，也将与生产流通链条上的各方产生多种互动，在提供支持的同时对资源进行持续的整合。

（4）技术、基础设施。技术和基础设施作为生态圈的后台，提供生态圈运转所需的网络、云、终端等基础设施以及大数据、物联网、人工智能等日渐成熟的新技术。

（5）多种类型的中间服务资源。在新的零售生态下，营销、市场、流通链条、生产模式都将发生巨大的改变，相应地，会出现新的模式和新的参与者，通过提供包括生产服务、金融服务、供应链服务、数字化服务等多种资源，在更好地满足消费者需求的同时提升链条上关联企业的表现。

在这样的大框架下，由大型零售企业演变而来的超级平台将承担起整个生态圈大脑的职责，通过资源的合理配置提升生态圈中零售商、品牌商、生产商的表现，从而更好地满足消费者的需求。

通过不断获取零售产业链上下游的优势资源并进行有效的重构，转型成为产业链资源汇聚的中心，进而获得新的增长动力。而部分传统零售企业也会因为互联网企业的资源优势和技术优势，选择与互联网企业合作，借助互联网企业的技术和思维，参与到新零售转型的进程中。

延伸阅读

你看，现在有三类软件，代表了社会的三类关系。一类是电商软件，代表了买卖关系；另一类是社交软件，代表了社交关系；还有一类是管理软件，代表的是管理关系。

过去，我们可以说这三类软件是泾渭分明的。买卖关系和社交关系的界限在于有无利益瓜葛；社交和管理的界限是生活和工作；管理和买卖的界限是一个在组织内部，一个是跨组织的。

但是，现在这些界限已经越来越模糊了。它们相互都在向对方的领域渗透。未来在云上，这三类关系一定是融合在一起的！

一个云上的超级软件，或者超级平台，会给人类社会带来什么样的变化？组织的边界会变得越来越模糊。你将很难区分是一个雇员，还是一个合同工，还是一个合作伙伴；也将很难区分是一个部门，还是一个子公司，还是一个供应商，还是一个经销商。

这将是一个被利益（买卖）、社交、管理的各种纽带连接在一起的、没有边界的生态圈。"

（文章来源：王纹，《超级软件：下一代互联网平台》）

 思考题

1. 网络零售平台内涵、分类及其主要功能是什么？
2. 中国网络零售产业的发展经历了哪些历程？
3. 中国网络零售产业在全球处于什么地位？为什么？
4. 推动中国网络零售产业迅猛发展的原因有哪些？
5. 中国有哪些主要的网络零售平台？它们各自有什么不同的商业模式？
6. 开放平台与垂直平台、独立商城有何区别？
7. 什么是网络零售平台 IP、PV 流量？它们对网络零售平台有何意义？
8. GMV、转化率的含义是什么？它们对网络零售平台有何意义？

第四章

直播电商

 学习目标和要求

　　互联网技术的进步，促使网络直播逐渐成为人们重要的表达自我的途径，越来越多的网民加入直播平台，网络直播带来的收益也越来越高，影响范围也越来越广，通过网络直播获取收益的方式也逐渐变得多元化。随着"直播+"业态的不断发展，"直播+电商"即直播电商进入了人们的视野，正在改变人们的消费方式。通过本章学习，学生应达到以下目标和要求：

1. 了解直播电商及其发展历程。
2. 深刻理解直播电商平台的运营运作。
3. 了解直播电商面临的挑战及其相应的对策。
4. 从直播电商的角度出发，思考网络零售学的发展。

 本章主要概念

　　带货赚佣　自营店铺　电商平台直播　内容直播平台

一、什么是直播电商

（一）直播电商的含义

直播电商是基于电子商务平台，以网络直播为手段，主播通过直播的形式将商品展示给用户，并与用户进行实时互动，运用多种方式激发用户购买力，将用户和商品销售相结合的一种新兴商业模式。直播电商顾名思义就是以直播的方式，进行商品的推销、销售。直播本质上只是一种流量工具，它的最终目的仍是对商品进行销售，从而达到销售商品、增加营业额的目的。它是一种将直播与电商相结合的新型营销手段。

第一，直播电商是视频直播这一新型传播方式与电商行业的有机融合，是一种全新的电商形式。

第二，主播来源的多样化，明星、网红、KOL（key opinion lead，意识领袖）、KOC（key opinion consumer，关键意见消费者）、创作者等都可以当主播。

第三，直播电商的交易效率会得到显著提升，明显高于之前的其他电商形式。

第四，直播电商能够更好地实现"品效合一"，不仅能够更好地实现交易，还能通过构建价值认同感来实现品牌传播。

（二）直播电商的本质

直播电商的本质是消费场景的升级。在当前物质极为丰富的背景下，用户已经不再满足于单纯依据商品价格和商品的功能参数去判断的消费行为方式，用户更关注整个消费过程中的精神体验，且越来越多的用户希望获取更多的知识性、专业性的信息内容来为购买行为做决策参考。

直播电商的本质是消费场景的升级，而消费场景的升级的背后则是用户需求的升级，直播电商通过新的消费场景，结合消费者洞察及消费引导，让商业与情感的传递、人性的结合更为紧密，进而更好地满足用户需求。

直播电商是指商家通过直播形式给观众推荐商品，激发其潜在的购买欲望，最终实现交易的电商渠道。直播电商虽然以直播为手段重构了电商"人、货、场"3个要素，但是其本质仍是电商。相较于传统电商，直播电商在内容呈现、属性特征及商业逻辑等方面与传统电商有不同侧重，如表4-1所示。

表4-1　传统电商和直播电商的区别

项目	传统电商	直播电商
内容呈现	商品详情页和图文信息	主播导购与用户互动
属性特征	营销	娱乐+营销
商业逻辑	人找货（用户自行搜索所需商品）	货找人（主播将商品呈现给用户）
互动性	弱	强

表4-1(续)

项目	传统电商	直播电商
核心	商品	商品+主播
消费方式	自主搜索为主	主播推荐为主
消费决策因素	商品（价格、品质等）	商品、主播、消费场景
产品呈现形式	平面单一	多维立体、真实测评
消费欲望	个人欲望	主播刺激
购买转化率	较低	较高

资料来源：根据网上公开信息整理，存在一定滞后性，仅供参考。

二、直播电商的运营模式

（一）带货赚佣模式

带货赚佣就是主播通过完成品牌商发布的任务来获得一定的分成。如果主播具有一定的影响力，那么品牌商也会主动寻求合作。例如，淘宝上的李佳琦等头部主播比普通主播拥有更多的选择空间，在与品牌商的合作中往往可以占据主动。不同主播的带货能力差异较大，许多新人主播在起步阶段比较艰难。

带货赚佣模式具有以下优势：①成本较低。在带货赚佣模式下，雇佣双方都可以获利。对某些新人主播来说，在带货这件事上耗费的成本几乎可以忽略不计。毕竟，该模式并不需要主播处理与供应链相关的一系列工作，其主要任务就是促成交易、完成转化。正因为投入成本较低，所以许多新人主播会以尝试的心态去带货。②自由度高。无论是接单还是品牌商主动寻求合作，在带货赚佣模式下，主播的发挥空间都是比较大的，除非品牌商明确提出某些特殊要求，如必须采用开箱或测评形式等，主播通常都可以根据个人习惯自由发挥，也可以适当地发挥创意，不会受到过多的限制。③短期即可见效。在带货赚佣模式下，如果主播的综合能力比较出色，那么通常在一场直播结束后就可以获得明显的效益。

（二）自营店铺模式

在应用得当、能力足够的前提下，自营店铺模式的商业价值通常远远高于带货赚佣模式。我们熟悉的一些头部主播已经打造出了个人专属品牌或正在积极筹备。

不过，自营店铺模式的劣势也非常明显：①门槛较高。建立自营店铺需要储备很多资源，不是一蹴而就的事情。如果主播过去没有接触过相关工作且团队能力不足，就会在筹备环节遇到许多问题，很容易出现投入一定资金后却看不到任何效果的情况。②难度较大。难度较大主要体现在两个方面。一是近年来自创品牌越来越多，竞争日益激烈；二是主播必须有较好的综合素质能力，并具有一定的粉丝基础，由粉丝自发传播的效果往往比商业推广要好，成本也更低。如果没有一批忠实粉丝，即便投入很多资金做品牌推广，效果也不会很好。③风险很高。在经营自有店铺的过程中，很多环节都充满了不确定性。这对经济实力有限的新手主播来说是一个巨大的挑战。万一出现意料之外的状况，而主播又没有能力处理，主播的口碑就会受影响，经济损失也会很大。

三、直播电商的先进性与局限性

（一）直播电商的先进性

1. 平民化

随着智能手机的普及和无线通信技术的发展，网络直播内容制作和发布的门槛越来越低，网络直播已经不再仅仅是一种娱乐方式，而是成了网络用户普遍使用的表达方式。网络直播摆脱了传统视频直播对场景的限制，同时由于直播内容的碎片化，用户只要打开直播平台，就能选择自己喜欢的内容进行观看。网络直播内容的制作者可以在法律允许的范围内自由地表达自己，将自己的想法及观点传播给他人，实现了人与人之间的有效沟通，增强了交流的丰富性，极大地提升了信息传播的效率。

2. 社群化

通常情况下，观看同一个直播的人大多具有相同的兴趣和爱好，这些有共同兴趣和爱好的人极易集合成社群，而现实生活中将人集合起来的驱动因素非常多。例如，很多人喜欢网络购物，由此形成了带货直播；还有很多人喜爱观看体育赛事，由此形成了体育赛事直播；更有很多人喜爱学习充电，由此形成了培训直播；等等。直播生成的社群互动塑造了一种新的社交方式，满足了人们的社交需求，使互动的趣味性得以有效提升。

3. 互动性

互动性是网络直播与传统直播的最大区别。传统媒体在直播事件时，只能采用文字、图片、音频和视频等，将现场事件的发展传递给观众，但主播与场外观众之间、场外观众互相之间是不能进行交流的。而网络直播却能实时互动，这是其天然的优势。

一方面，网络主播不仅可以让用户及时掌握事件的动态信息，还可以与观看同一直播的用户进行沟通交流；另一方面，用户可以把自己的想法、观点、感受等发表在即时留言板、论坛、弹幕等互动平台上，实现与其他用户的互动，有效增强了用户的参与感。直播平台也因实时互动的存在而具备了社交属性，并以视频为节点形成了社区。直播过程中的互动将人与人之间的联系变得更加人性化。

4. 灵活性

网络直播内容的采集非常灵活。用户需求的多样性决定了网络直播内容的丰富性，学习、旅游、购物、娱乐等各种不同的日常活动，都可以成为直播的内容，而且内容的采集通常仅需一部智能手机就可以操作；网络直播内容的发布非常灵活。无论是在专门的直播平台上，还是在淘宝等电商平台上，用户只要申请入驻并通过审核，就能轻松发布自己的直播内容；网络直播内容的接收非常灵活，用户只要有电脑、智能手机等相关电子设备，就可以登录直播平台，寻找自己感兴趣的内容。

（二）直播电商的局限性

1. 不确定性

由于直播没有彩排，呈现出来的是主播和用户的真实画面，在直播的过程中，尤其在进行户外直播及生活直播时，经常发生"意外"。有很多直播因这些"意外"的出现而备受欢迎，因为这种不确定性使用户的猎奇心理得到了满足；但也有很多直播因这些

"意外"的出现而备受指责，因为直播真实、同步地展现了现场；还有很多直播因这些"意外"的出现而遭遇停播，因为其内容不合法。

2. 不准确性

通过直播通常看不清产品的细节，摸不到其质感，无法准确感知到产品。就服装饰品而言，用户也看不到自己上身效果。直播间的灯光、镜头等对商品的外观影响很大，可能会误导消费者。比如镜头清晰度不够，或者主播主动使用滤镜、特效等，对美妆、服饰类产品的真实体验都有影响。同时，一些比较注重色彩的产品因为观看时的设备显示效果与实际颜色有色差，消费者会产生对产品的误判。

同时，主播本身的形象和举止，是很重要的影响因素。在现场在线人数高且观众比较活跃的时候，主播会比较难兼顾每一个人的要求。有的主播为了节省时间，使用录播，使消费者体验非常不好；有的主播很有感染力，直播间的群体效应又很强，消费者很容易冲动消费，买回很多自己不合适的产品，使退货率变高。

第二节 直播电商的发展

一、直播电商兴起的原因

我国电子商务从诞生之日起就快速迭代创新，从最早的从事 B2B 业务的中国化工网和从事 C2C 业务的"8848"等传统电商，发展到京东等现代电商，再发展到拼多多等社交电商，最后发展到抖音等内容电商，而直播电商则是内容电商发展的最新阶段。电商快速迭代的深层次原因主要有基础通信技术尤其是移动通信技术、用户规模、资本等驱动因素。

（一）移动通信技术驱动直播电商快速发展

第一，5G 移动通信技术可以显著提高用户的体验。5G 作为新一代移动通信技术，不仅网速等基础技术能力得到了提升，而且互联网化、智能化、灵活性水平更高，能够给用户带来更好的用户体验，从而促进直播电商的发展。

第二，中国流量资费的大幅下降为直播电商奠定了坚实的基础。2013 年后 4G 的逐渐普及，使得流量资费下降、网络速度提升，加速了智能手机的普及。根据中国信息通信研究院发布的《中国宽带资费水平报告》（以下简称《报告》），2019 年第 4 季度，我国移动数据流量平均资费为 5 元/GB，同比下降了 41.2%，用户月均移动数据使用量为 7.79GB，同比增长 76.2%。

（二）短视频的兴起为直播电商培育了市场

第一，在移动互联网快速发展的同时，我国的网络视频用户尤其是短视频用户规模快速增长，根据 CNNIC 发布的《报告》数据显示，截至 2020 年 3 月，我国网络视频（含短视频）用户规模达 8.50 亿，较 2018 年底增长 1.26 亿，占网民整体的 94.1%，比 2018 年底提升 6.6 个百分点。其中短视频用户规模为 7.73 亿，较 2018 年底增长 1.25 亿，占网民整体的 85.6%，比 2018 年底提升 7.4 个百分点。短视频大大降低了使用门槛，每个用户都可以利用短视频展示自己，短视频红利和基于短视频的自媒体红利显著，推动了用户黏性大、获客成本低的短视频平台的形成，为直播电商的高速发展营造了良好的外部环境。

第二，短视频平台流量成本低。根据 Wind 的数据显示，2019 年各类平台用户获取成本如下：快手为 15 元，抖音为 20 元，拼多多为 284 元，阿里巴巴为 420 元，而京东则高达 508 元。

（三）直播电商已具备了庞大的用户基础

我国的手机网民数量规模巨大。截至 2020 年 3 月，我国网民规模为 9.04 亿。而且由于高清晰度的拍照手机价格的大幅度下降，低收入人群都能买得起高清晰度的拍照手机，也为直播提供了良好的基础。我国网络直播用户过 5.6 亿。根据 CNNIC 发布的《报告》数据显示，截至 2020 年 3 月，我国网络直播用户规模达 5.60 亿，较 2018 年底增长 1.63 亿，占网民整体的 62.0%。其中，电商直播用户规模为 2.65 亿，占网民整体的 29.3%。

二、直播电商的发展现状

（一）出现了带货能力强的头部主播

目前，在各大直播电商平台上，出现了李佳琦、罗永浩等头部主播，他们的带货能力惊人。

（二）主播行业分化严重且头部格局初定，而中部空间尚有较大潜力

根据直播电商的实践，目前主播行业分化严重、二八效应明显，头部主播为数不多，且头部主播的格局已经初步形成，而中部主播还有巨大的潜力。

（三）直播电商主要平台形成了自身的特色

第一，淘宝平台。淘宝、天猫的主要消费人群是年轻女性，基于此，淘宝直播定位为"消费类直播"。第二，快手平台。快手操作简单、记录轻松、功能丰富，并且避免注意资源的两极分化，让每个人获得相对均等的机会。快手采取"去中心化"流量分发模式，倾向于给用户推荐关注的内容。第三，抖音平台。抖音的口号是"记录美好生活"，内容调性是"突出美好"，内容分发方式为"智能算法推荐+社交分发"，采取的是"中心化"流量分发模式。如果视频反馈较好，将层层推荐至更大的流量，流量能快速汇集至高质量内容，对优质内容创作者非常有利。第四，腾讯直播。其平台流量大、优势明显，但劣势也很明显，电商直播还不普及。

（四）直播电商正高速发展

在互联网电商和短视频平台等的大力鼓励和支持下，在主播、企业等的协同推进下，我国直播电商迎来了重大机遇期。

三、直播电商的发展趋势

（一）淘宝等内容电商提前布局直播电商

无论是传统电商、社交电商、内容电商，还是短视频平台都充分意识到直播电商的巨大潜力，投入了巨大的资源培育直播电商，以培育、引导用户消费习惯。淘宝在电商

行业率先开启直播业务，孵化出了李佳琦等知名主播，不断提升直播在生态内部的权重，推动商家入驻直播平台。淘宝在扶持直播电商发展方面投入了如下资源：一是加大流量分发，2019 年将 70%的流量引导到淘宝直播；二是在淘宝直播启动百亿扶持计划，为商家、主持、机构提供专业化培训和激励。

（二）短视频平台大力扶持直播电商

抖音、快手等短视频平台得益于各种红利，快速成长为互联网巨头，沉淀了数以亿计的用户，并探索出了各类商业变现方式，而直播电商是最新的价值较大的商业变现方式。快手平台强调不打扰用户，呈现去中心化特点，并大力鼓励腰部主播成长。

（三）基于新技术的智能商业是未来商业的图景

在新技术的驱动下，未来商业的本质是智能商业，而智能商业则是建立在网络协同和数据智能基础之上的。其中，网络协同就是将复杂的商业活动分解，以便不同企业或人群能更有效地完成这些商业活动；数据智能就是根据消费者行为和偏好进行个性化产品和服务匹配的能力。网络协同和数据智能正如未来智能商业 DNA 的"双螺旋"，双方互相交织和相互加强。

（四）数据红利替代人口红利成为最重要的红利

在人口出生率下滑的大背景下，随着我们进入大数据时代，数据红利将成为新的核心红利。数据已经成为与劳动、资本、知识等相似的生产要素，阿里巴巴、腾讯、字节跳动、快手等公司无不是借助数据红利实现快速发展的。

（五）直播电商助力 C2B 模式

C2B 是智能商业时代的新商业模式。这一模式改变了原有生产者（企业和机构）和用户的关系，先有用户需求产生而后有企业生产，即先有用户提出需求，后有生产企业按需求组织生产。通常情况下用户主动参与产品设计、生产和定价，产品、价格等彰显用户的个性化需求，生产企业进行定制化生产。可以看出，这种模式里，用户贡献了较大价值。C2B 模式的核心是以用户为中心，用户权力大幅度提升。

第三节　直播电商平台

一、直播电商平台分类

直播运用于电商，创新升级了人们的购物方式，使"足不出户购万物"的"云逛街"成为一种主流的消费方式。当前，我国直播电商平台主要分为两大类：

一是传统电商平台。传统电商平台开设直播板块，有助于商家更详细全面地介绍和推广自家商品。如淘宝、京东、拼多多、唯品会、苏宁易购等电商的直播平台为直播带来了流量，而直播反哺平台，增加了用户黏性。

二是内容直播平台。短视频等内容平台引入直播带货功能，在平台上进行好物推荐，让消费者在看图文、直播等内容输出时被种草，形成"推荐—种草—购买"的消费闭环。抖音、快手、小红书、B 站、微博等自建直播电商平台就是如此。

直播电商平台数量众多，而不同的直播电商平台在引流、平台抽成、带货模式等方面各具特色。直播电商营销阵地的选择影响着直播推广效果。对于打算进入直播电商行业发展的企业和个体来说，无论是大牌企业还是小众品牌，选择一个合适的平台是首要任务。

二、直播电商的主要平台

如今，淘宝、抖音、快手三大直播电商平台已形成"三足鼎立"的市场竞争格局，成为最受青睐的直播带货平台。表4-2为淘宝、抖音、快手三大平台的横向对比。

表4-2 淘宝、抖音、快手的横向对比

项目	淘	抖音	快手
定位	发现式电商	兴趣电商	信任电商
平台属性	电商	内容	社交+内容
流量来源	平台公域流量、外部流量	平台公域流量	偏私域流量、"老铁"文化
带货商品属性	淘宝体系内全品类	非标为主，商品价格集中到0~200元，品牌货，有调性	百元内低价商品为主，高性价比，白牌居多
用户特征	"80后""90后"女性为主	新一线以及低线城市增速最大，女性用户为主，"80后""90后"年轻用户居多，"95后"增速最高	低线城市，30~40岁女性用户为主
KOL属性	头部主播集中度较高	头部主播相对集中	头部主播相对分散
带货模式	商家店播为主，明星、达人兼具	短视频上热门+直播带货，种草转化+内容为主	秀场直播、打榜、连麦等
承接渠道	平台本身	切断第三方外链，只支持抖音小店	切断淘宝/京东联盟外链，只支持快手小店
机会点	短直结合玩法+地方经济	明星直播矩阵，给予自播流量扶持	关系分发和强信任关系下直播电商空间广阔

资料来源：根据网上公开信息整理，存在一定滞后性，仅供参考。

（一）淘宝

2016年，阿里巴巴推出消费类直播平台"淘宝直播"，标志着电商直播的大时代正式拉开帷幕，随后国内接连涌现了300多家直播电商平台，那一年被公认为直播元年。2017年，淘宝直播与天猫直播合并，淘宝主播端App上线。2018年，淘宝直播进入增长爆发期，直播平台带货增速接近400%，实现了从百万元到千亿元的跨越。2019年，淘宝直播独立App发布上线，超过一半的天猫店铺开通了淘宝直播。2020年，淘宝直播平台与菜鸟供应链合作的"菜鸟仓直播"亮相；同年"6·18"期间，天猫直播通过"百亿补贴"、邀请明星站台等多种方式，取得了6982亿元的战绩，成功碾压其他电商直播平台。2021 年，手机版 App 升级为点淘，采取"短视频+直播"的双核模式，让内容成为连接用户与服务的关键。2022 年，淘宝直播驶入 2.0 时代，制定"双轮驱动、改变流量分发逻辑"战略。现如今，淘宝直播已经形成了包含直播基地、机构、产业带、供应链在内的完整直播产业链条，目前有达人直播、店铺商家直播、全球购直播和天猫直播四种。淘宝直播为直播带货达人提供货品选择，为商家提供新电商消费模式，提供集多行业、多平台、智能化、安全性为一体的直播解决方案。

作为国内领先的直播电商消费专业平台，淘宝直播是当之无愧的领军者。在传统电商平台中，淘宝直播的用户渗透率及用户基数稳居电商直播行业龙头。较之京东、拼多多等电商平台，淘宝直播早先入局的流量及品牌优势，让它成为品牌及主播卖货的主阵地。淘宝具有强电商属性，商品种类丰富，相较于抖音、快手等短视频平台，淘宝直播的专业性、导购性及用户购物欲更强。淘宝凭借极强的电商沉淀优势，依托自身流量和外部平台流量，将人、货聚集在一个场景中。多元的直播主题，多样的直播场景，满足了知名品牌与小众品牌的不同需求。

淘宝直播平台取得如此出色的成绩，离不开以下三点：一是培养优质主播并制定相应的激励机制；二是与内容产业链建立紧密合作关系，直播融入娱乐元素，让用户在潜移默化中养成观看直播的习惯；三是强大的供应链管理能力和运营能力。菜鸟供应链通过科学、缜密的计算，在直播开始前对库存分布进行智能调整，缩短从下单到收货所花费的时间，充分借助了社会协同资源和直营资源完善供应链，为用户提供标准的供应链多场景服务。

（二）抖音

2018 年，抖音上线购物车且开放直播功能，直播带货一并开放，支持跳转淘宝页面，初步迈出试水电商的步伐。同年"双 11"期间，抖音相关账号一天售出约 10 万件商品，直接转化销售额突破 2 亿元，订单增长 1000%，验证了抖音的变现能力。2019年，抖音上线小程序电商，接入京东、唯品会等第三方电商平台，同时字节跳动搭建直播大中台，抖音在搜索栏增加商品类目。2020 年，抖音直播推出"百万开麦，抖音主播扶持计划"，推动直播成为短视频达人的标配。同年，抖音电商业务部门正式成立，宣布不再支持第三方来源商品进入直播购物，开启明星直播带货模式。2021 年，抖音推出了兴趣电商的概念，加快建立自有电商体系。在疫情的影响下，抖音直播业务得到空前重视，推出宅家"云逛街"计划、10 亿直播流量扶持计划，"直播+电商"的新零售业态加速兴起。

作为目前最火、观看人数最多的平台之一，抖音以都市青年为主，主攻一、二线城市。不同于淘宝直播的卖场模式，抖音直播的消费路径是借助打动用户的内容催生购物需求。抖音主打"内容种草+直播带货"，聚焦年轻人潮流个性的生活态度，利用直播通道完成变现，通过强互动性、强视觉冲击力、新奇潮的内容来吸粉带货。在流量推荐方式上，抖音直播采用"重算法、轻粉丝"的逻辑，它利用大数据算法进行精准推荐，依据用户偏好与浏览习惯匹配内容与用户。这种算法在一定程度上并不利于私域流量运营，博主与粉丝难以建立强信任关系。由于平台把控流量，用户更多的是被动接受内容推荐，用户没有内容"选择权"，而主播达人没有流量主动权，影响了整个平台的流量变现效率，以至于抖音的直播电商变现能力远不及快手。对于在抖音开启直播的品牌而言，如何引流，前期直播选题、宣传和曝光是难点和重点。但是抖音注重内容性，即使是商业直播，许多产品也不是单纯卖货，而是强调内容设计感与品牌创意性，这种门槛的设立对于那些需要覆盖多线用户、打造品牌认知的产品来说，是口碑效应的孵化基地。

抖音直播具有如下特征：

（1）强互动性。弹幕功能架起了主播与观众的交流桥梁。相较于短视频的单方面输出，直播的双向互动性拉近了消费者与产品的距离，同时有利于商家更详细全面地介绍和推广自家商品，大大提高了购买频率。

（2）内容原创优势。抖音短视频带货将互联网的优势发挥得淋漓尽致。在快节奏的生活方式下，抖音带货新奇、搞怪的内容将购物过程娱乐化，实现了"病毒"式的传播速度。

（3）维系粉丝。直播不仅能把路人观众转化为粉丝，更能通过主播的直播表演与互动，增强粉丝黏性，为变现打好基础。

（4）数据可视化。借助如热度、点赞量、浏览量、评论数、转载量等互动数据，对抖音直播带货视频的传播范围及效果进行挖掘分析，进而找出优缺点，调整并优化视频内容。

（5）双重效益。对于抖音主播来说，直播的第一层效益表现为直播带来的即时收益；第二层效益表现为直播后的个人曝光增加和粉丝黏性增强，短期内不能快速见效，但在长期的经营下能带来不菲的收益，实现高流量下的高触达和转换力。

（三）快手

2018年，快手正式推出电商业务，上线快手小店，对接淘宝、天猫、京东、拼多多、有赞、魔筷星选六种主流电商交易平台及自建小店。同年，快手举办首届直播电商卖货节。2019年，快手直播公会体系全面开放，重点扶持中腰部账号。2020年，快手推出"好物联盟"，对入驻商家的商品赋能。2021年，快手电商"引力大会"宣布开启"直播电商2.0时代"，提出"大搞信任电商""大搞服务商"战略。2022年，快手切断淘宝联盟商品所有外链，切断京东联盟商品直播间购物车外链，采用快手小店完成卖货交易。

快手具有媒体和电商的双重基因，受益于优质的私域流量和粉丝黏性，快手电商发展迅猛，已成为覆盖全国的国民级业务。快手拥有独家支持的第三方电商平台和自建平台，同时拥有微信小程序电商。快手平台操作简便、记录轻松、功能丰富，并且坚持机会相对均等，避免注意力资源的两极分化，真正惠及长尾用户。相比于抖音，快手更注重下沉市场，流量均匀分发，深受三、四线城市用户喜爱。它以下沉市场为主，弱运营管控，采取"去中心化"的流量分发模式，基于社交和用户兴趣进行内容推荐。同时，根据标题、描述、位置等对用户上传视频打上标签，并匹配给符合标签特征的用户。快手注重加深主播和粉丝之间的关系和黏性，快手主播有较强的粉丝积累，即快手标签的"老铁关系"。快手强社交特性和社区氛围使其形成独特的"老铁经济"，真实和信任让"老铁经济"社交黏性更强，用户与KOL之间的高互动性和信赖感为电商变现提供了天然的基石。

快手直播具有以下三个特点：

（1）主打"老铁经济"。快手直播内容紧紧围绕主播自身属性，这些直播内容是生活烟火气的自然延伸，利于为消费者带来绝佳的情感体验。真实的展现也为快手的主播和用户建立了更牢靠与信任的"老铁关系"。

（2）转化率高。相较于娱乐性更强的抖音，快手的转化率更高。KOL 的"老铁圈层"是快手可以进行商业变现的粉丝基础。

（3）流量普惠。"去中心化"的流量分发模式为达人们提供了更多的机会，使腰部和尾部主播也能够获得普惠的流量和资源，对于素人更友好。

三、直播平台的选择

直播电商平台的选择影响着直播推广效果，也关系着企业和个人的业绩。对商家或主播来说，选择一个合适的平台至关重要。以下是商家或主播选择平台的三个依据：

（一）按照平台的门槛进行选择

直播的首要前提是向所在平台申请开通直播权限，而不同的平台有着不同的门槛标准。

相对而言，淘宝直播平台的门槛是最高的：开通店铺直播权限，其等级必须达到一钻及以上；开通达人直播权限，其账号等级必须达到两级及以上，且须通过新人直播基础规则考试才可发起申请，但申请通过率并非 100%。抖音直播平台和快手直播平台则几乎不设任何门槛，只要账号处于正常状态，用户就可以在"设置"页面中根据提示一步步操作，直至开通直播权限。

（二）按照内容调性进行选择

平台各具特色，不同平台的用户对不同内容的偏好和接受程度不同，商家或主播需要结合内容调性来选择合适的平台。

与其他平台相比，淘宝直播平台的自由度更高。平台上的用户可以接受各种各样的内容，只要产品合法合规，就能通过直播进行销售。而抖音直播和快手直播背靠短视频平台，主播多要利用短视频吸引粉丝，再通过一定方式将粉丝转移到直播间，最后才能进行直播带货。因此，如果选择抖音直播或快手直播，商家或主播需要准备一些以短视频为主的内容，先积累粉丝，再进行直播带货。需要注意的是，这两个平台虽然都属于短视频平台，但内容调性却有很大的差异。抖音强调"记录美好生活"，相对来说起步更轻松，如果短视频能够上热门，那么账号有可能在一夜之间吸引大量的粉丝。而快手以真实为特色，内容非常接地气，起步没有那么容易，账号必须不断地输出内容才能积累一定数量的粉丝。

（三）按照自有资源进行选择

人、货、场是直播电商的三大要素。商家或主播要结合自身拥有的要素资源优势选择合适的平台。

假如商家或主播有一家自营的淘宝店，最简单、最直接的方式就是在淘宝直播平台上做直播。同时仍可以在抖音和快手上发布短视频，将用户引流到淘宝店和直播间。假如商家或主播有一家自营线下店，那么在"场"这个要素上就有了一定的优势，直播间可以设在自己的店里；假如商家或主播拥有一手货源，那么在"货"这个要素上就有了一定的优势，在任何一个平台上做直播都是可以的。如果商家或主播在场和货这两个要素上都没有优势，就只能靠人了。利用自己积累的粉丝为品牌商带货，从中收取一定的佣金和分成。在此情况下，抖音直播和快手直播这两个平台无疑是更好的选择。

第四节　直播电商面临的挑战及对策

一、挑战

（一）质量隐患

由于部分直播平台缺乏严格完善的商品准入审核制度，导致部分"三无"商品、假冒伪劣商品进入平台销售。同时，部分主播产品鉴别能力不足，无法辨别商品质量状况好坏，会推荐自我认知"质量良好"的商品；甚至个别主播为了赚取广告费、提成，明知商品有质量问题，仍夸大效果宣传推荐。这些原因导致直播平台上部分商品质量存在问题。

（二）虚假宣传

为获得更大流量、促进更多销售，主播有时使用夸张性的语言宣传商品或服务。大多数主播在推荐商品的直播中除说明商家提供的信息外，往往掺杂大量主观感受和个人喜好，如使用"最""第一"等绝对化用语，宣称"史上最低价""不会再便宜"，有的甚至为了引诱消费者购买谎称商品或服务即将售罄。这些迷惑性的语言和行为容易引起消费者对商品或服务质量、功能和性能的误解，扰乱公平竞争的市场秩序，在一定程度上损害了消费者的合法权益。具体到个案，有的行为明确违反法律法规，有的言语在法律上难以界定，且在监管中较难发现。

（三）恶意刷单

中国消费者协会发布的《"双11"消费维权舆情分析报告》显示，刷单刷流量、恶意竞争等行为已经成为电商直播面临的重要问题。这与网络经济的马太效应密切相关。在网络经济中，市场主体的数据流量越大，其销售收入越多，吸收资本的可能性越大，做强做大的机会也越大；反之则会在竞争中处于被动地位。所以，为了满足一定的流量要求，刷单刷流量已成为直播电商领域众人皆知的潜规则。例如，被爆出数据做假的某著名主播，通过机器+人工的形式，冒充用户发表数千万用户评价，以假乱真，影响用户对产品的真实测评。类似事件时有发生，显示出电商直播刷单刷流量现象逐渐从幕后走到台前。而恶意刷单、虚假举报等行为既扰乱了市场公平竞争秩序，也助长了电商直播领域黑灰产业链的发展。

（四）网络直播法律地位不明晰

电商直播营销中的主播主要分为两种类型：一种被称为商家主播，另一种被称为独立主播。商家主播多由商品经营者本人或其内部员工担任，其行为本质上是将与商品有关的文字、图片、视频等商品描述转换为实时互动的直播形式，以促进商品销售。商家主播的行为更接近于促销行为，所以其法律性质争议不大。独立主播接受某些商家委托，依靠自身知名度吸引消费者，通过增加流量来促进商品销售，具有很大的独立性。实际上，独立主播在直播带货中的行为与广告代言行为并没有本质差别。《市场监管总局关于加强网络直播营销活动监管的指导意见》指出，直播内容构成商业广告的直播者应按照广告法规定履行广告发布者、广告经营者或广告代言人的责任和义务，但其他法律法规尚未对该行为做出明确规定。

（五）违法违规行为难监测

部分直播平台中的主播或商家在未取得品牌方授权的情况下，在直播带货过程中宣称其商品是品牌的"剪标"商品，且销售价格远低于品牌的市场指导价，严重扰乱市场秩序。但这类直播电商隐蔽性强，主播或商家一般通过微信群向群内客户提前公布直播时间和直播内容。同时，部分直播平台付款方式多通过微信等方式私下交易，直播结束后商品链接随即失效。此类直播由于无特定的直播时间和平台，且只针对某些特定客户群，网络交易监管部门难以主动监测发现违法违规行为。

（六）违法主体身份及地域难确认

网络空间的跨地域性、直播的即时性、主播的低门槛准入性等给市场监管带来极大困难。一方面，第三方平台注册门槛低，直播带货并不依托实体商店而存在，仅需绑定微信号或个人身份证号码即可在网上注册开播，相当一部分网红主播在网络上以虚拟甚至虚假身份出现，市场监管执法人员发现违法线索后，往往难以确认违法主体身份；另一方面，按照办案程序规定，行政处罚管辖权以违法行为发生地确定，由于直播带货没有固定的营业场所，难以确定其经营地址，特别是网络的跨地域性使得交易遍布全国甚至全球，也加大了执法办案难度。

二、对策

（一）完善直播电商行业法律法规

在电子商务法、广告法、消费者权益保护法等法律法规基础上，健全完善直播电商相关法律法规。出台规范性文件，明确直播电商行业主播的法律地位，梳理主播、平台、物流等各方责任，并对直播带货流程中相关主体的责任、义务做出详细说明，细化违法违规行为认定标准。结合网络直播特殊性和监管执法可行性，明确网络直播行政处罚管辖权，确保执法人员在实践中有明确的执行口径，避免执法误区，增强监管规范性。

（二）严格落实直播平台相关责任

督促直播平台合理制定平台服务协议和交易规则，深入完善失信惩戒机制，积极实施直播带货黑名单制度，保障商品和服务质量。督促平台加强对主播群体的管理和规范，在做好主播人群背景信息登记核验的基础上，建立必要的信用信誉评定、奖惩机制。指导主播在开展直播和相关经营性活动时为消费者提供真实、可靠的信息和商品，不断优化服务体验、提升服务水平，为消费者提供安全、便捷、放心的网络购物环境。督促直播平台建立健全消费者投诉举报和维权机制，建立与网络交易监管部门投诉举报平台的信息共享机制。

（三）创新直播电商行业监管方式

牢牢把握网络交易发展趋势和发展动向，做好消费领域新场景、新业态、新应用的前沿研究。制定直播带货监测标准体系，探索研究直播电商风险预警技术。加强与电商平台的系统衔接，深入推进智慧监管系统建设，构建监控数据平台。充分运用云计算、机器学习、大数据分析等信息技术，做好常态化监测。重视对大数据、网络取证等先进互联网技术的研究和运用，强化对违法行为内容的信息抓取和处理能力。推进数字化、网络化和平台化监管，增强直播电商行业监管效能。

（四）强化直播电商行业社会共治

直播电商行业涉及网信、商务、工信、公安、市场监管、广电等多部门，需要相关部门构建跨部门、多层次、多领域的长效协作机制，破除部门协同、区域联动壁垒，逐步形成完整的监督、防范、行刑衔接、侦破体系。充分发挥行业协会的规范作用，邀请行业内企业共同研讨，制定行业自律公约，推动企业合规，加强信用体系建设，建立健全直播电商信用评价体系，增强行业自律能力。增强消费者投诉维权能力，引导消费者掌握必要的消费维权技巧，维护自身合法权益。通过新闻媒体等渠道及时发布消费预警、消费提示，及时曝光典型案件，引导消费者鉴别虚假广告手段、方式，对不良商家造成舆论压力。

 延伸阅读

2020 年 4 月 6 日，朱广权和李佳琦就主持了一场名为"谢谢你，为湖北拼单"的带货直播，而朱广权和李佳琦组成的"小朱配琦"组合因为"国家级段子手"与"直播带货一哥"的强强联手，撞出了奇妙的"化学反应"，让整场直播全程高能。

2020 年 4 月 12 日晚上，欧阳夏丹和王祖蓝两个人组成云搭档，一起为湖北直播带货。两个人的组合被网友调侃为"谁都无法祖蓝我夏丹"。欧阳夏丹在直播开始前同网友们的交流中说，她的妈妈一听到她要为湖北卖货，便说："疯了疯了，你这个只会'买买买'的人怎么会来卖东西？你卖的东西会有多少人买？"欧阳夏丹也调侃地对妈妈说："我的名字起得好，叫夏丹，谐音就是'下单'，是最合适的一名'带货官'了。"

2020 年 5 月 1 日晚，中央队开始进入直播领域，央视四大名嘴康辉、朱广权、撒贝宁、尼格买提合体，三个小时狂卖 5.28 亿元。四人现场插科打诨，笑料不断、金句频出，如同把相声搬到直播间，颠覆了大家心中央视主持人严肃、端正的"高大上"形象。直播三小时，1600 多万人次观看，销售额破 5 亿元，"顶流"的战绩刷爆了国家队的首次亮相。网友们称"央视 boys"为"王炸"组合、"央视 F4"，还脑洞大开地给他们制作了标语——"权力小康，撒手去买"，既有趣又无形助力了中国经济。

（文章来源：熊友君，《直播电商：带货王修炼真经》）

思考题

1. 如何理解直播电商的本质？
2. 直播电商的发展历程是什么？
3. 结合自身，如何选择合适的直播电商平台？
4. 当前直播电商面临着何种困境？又该如何解决？

第五章

社交电商

 学习目标和要求

本章主要阐述社交电商概念、发展历程、与传统电商的不同、平台技术、平台技术应用以及影响、平台运营管理等内容。通过本章学习，学生应达到以下目标和要求：

（1）深入了解社交电商的概念、特点、发展趋势。

（2）掌握社交电商平台的技术、应用和影响。

（3）认识掌握社交电商与传统电商的区别。

本章主要概念

社交电商　传统电商　用户生成内容　社交媒体

第一节　社交电商概述

一、社交电商的概念以及特点

（一）社交电商电商的概念

社交电商的兴起可以追溯到 2008 年左右，当时淘宝上的一些卖家开始在 QQ 群、微信群等社交平台上开展业务。随着移动互联网的普及和社交媒体的崛起，社交电商得以快速发展。随着技术和商业模式的不断创新，社交电商已经成为一个庞大而多元化的市场。社交电商是依托社交关系而进行买卖交易的电商，是将社交媒体和电子商务相结合的一种商业模式。社交电商主要是以个性化与交互化的社交关系为基础所确立的一种电子商务，并且在其发展期间添加了分享、交互以及讨论等一系列社交元素，再通过社交媒体平台上的社交互动、口碑传播等方式来推广商品，从而完成销售的过程。社交电商既满足了消费者的社交需求，又提高了商品销售效率和营销效果。

（二）社交电商的特点

社交电商作为一种结合了社交网络和电子商务的新型商业模式，它通过社交网络平台，将用户的社交关系转化为销售渠道，实现商品的推广、销售和交易。

其主要特点包括：①社交属性强。社交电商平台基于社交网络，可以通过社交关系链或社区活动等方式与用户建立信任关系，提高购买转化率。②低门槛。社交电商平台通常无需注册费用，卖家可快速上架商品，买家可方便快捷地完成购买，降低了进入门槛，促进了交易。③视觉冲击。社交电商平台注重商品图片展示和视频直播等多媒体形式，视觉冲击力大，吸引流量。④定制化服务。社交电商平台根据用户行为数据，提供个性化商品推荐和营销服务，增加购买黏性。⑤营销手段多样。社交电商平台支持内容营销、社群运营、明星带货等多种营销手段，扩大影响力。

总而言之，社交电商平台在传统电商的基础上，借助社交网络的力量，实现了商品销售和社交互动的有机结合，成为当前电商行业的热门趋势。

二、社交电商与传统电商的对比

社交电商作为一种新型的商业模式，与传统电商在商业模式、用户体验和运营方式等方面存在较大差异。社交电商更加注重社交属性和用户体验，运营方式更加多样化和个性化。

社交电商与传统电商的销售渠道不同。传统电商主要依靠自己的网站或者第三方电商平台销售商品，而社交电商则是利用社交媒体平台作为销售渠道。

社交电商与传统电商的营销方式不同。传统电商的营销方式主要是搜索引擎优化和搜索广告等网络营销手段，而社交电商则是通过社交媒体的互动和口碑传播来推广商品。

社交电商与传统电商的用户体验不同。社交电商更注重用户社交体验，强调社交互动和个性化推荐，而传统电商更注重交易本身，强调快捷、方便、安全等购物体验。

社交电商与传统电商的消费者观念不同。社交电商的用户更加年轻化，更加注重品牌情感和社交价值，而传统电商的用户则相对年龄层更广泛，更加注重产品质量和实用性。

社交电商与传统电商的购买决策过程不同。社交电商的用户更多受到社交圈子和口碑的影响，容易被社交媒体上的 KOL 或者朋友推荐的商品吸引，而传统电商的用户则更多受到产品价格、品牌知名度和用户评价等因素的影响。

三、社交电商的作用

社交电商通过社交网络平台将用户的社交关系转化为销售渠道，提高了商品的销售量和销售额，改善了用户购物体验，促进了消费升级。同时，社交电商还强调用户参与感和社群营销，促进了用户互动和社区建设，增加了用户黏性，提高了营销效果。因此，社交电商已成为当前电商行业的热门趋势，具有不可忽视的重要性。

社交电商在网络零售中的重要性主要表现在以下几个方面：①社交电商扩大了网络零售的销售渠道。社交电商通过社交网络平台，将用户的社交关系转化为销售渠道，扩大了商品的销售范围，提高了销售额。社交电商提高了消费者购买意愿。社交电商通过社交属性，建立起用户和卖家的信任关系，并通过精准营销和定制化服务提高用户对商品的认知和购买意愿。②社交电商改善了用户体验。社交电商利用社交网络特性进行内容推荐、明星带货等多元化营销，提高用户参与度和购物体验，在一定程度上缓解了传统电商中购物流程单一、信息量大、沟通不畅等问题。③社交电商推动了消费升级。社交电商平台注重个性化定制和小众商品，甚至出现了由用户发起生产和定制的 C2M 模式，推动了消费升级和供需结构优化。

第二节　社交电商的发展历程

一、社交电商的发展背景及历程

社交电商的发展背景可以追溯到移动互联网时代的兴起。随着人们使用智能手机和社交媒体应用程序越来越频繁，社交媒体成了一种全新的市场营销渠道。社交媒体平台具有庞大的用户基础、强大的社交网络和高度个性化的推荐算法，这些特点使其成为一个理想的电子商务平台。社交电商大致经过了四个阶段，从初期的自发行为，到垂直社交电商、横向社交电商和短视频社交电商逐步发展。

初期阶段为 2005 年左右，随着社交网络的兴起，一些用户开始在社交网络平台上销售商品。这种模式并不是专门针对电商的，而是利用社交网络提高商品的曝光度和销售量。2010 年左右为垂直社交阶段，一些垂直领域的社交电商平台开始出现，如美丽说、蘑菇街等。这些平台通过社交网络的力量，将用户聚集在一起，实现与品牌商的直接交流和交易。到了 2015 年左右就迎来了横向社交电商阶段，基于社交网络的横向社交电商平台开始出现，例如拼多多、小红书等。这些平台通过社交的力量，促进了用户间的购物分享和裂变，从而形成了更大的购物群体。2018 年左右，短视频社交电商开始兴起，社交电商也迎来了短视频阶段，抖音、快手等平台通过短视频打通了内容和电商之间的链接，使得用户可以在观看短视频的同时进行购物。

二、疫情期间社交电商的发展

疫情的出现，使人们更加依赖线上购物和社交网络。在全球范围内，由于封锁和限制措施的实施，线下消费活动受到了严重的影响，而线上消费则成了一种主要的购物方式。

在这种背景下，社交电商作为一种结合社交网络和电商的新型模式，在消费者购物体验方面迅速崛起。社交电商平台通过社交媒体等渠道，将产品展示、销售和推广融为一体，为消费者提供更加个性化、精细化的购物体验。数据显示，2020 年中国社交电商市场规模已经达到 1.3 万亿元人民币，同比增长超过 70%；2022 年中国社交电商市场规模已达到 23 785.7 亿元人民币，预计 2025 年将突破 48 000 亿元（数据来源：艾媒咨询）。在这种背景下，社交电商迎来了快速发展的机遇。

一方面，随着人们越来越多地待在家中，传统实体店的交易量受到限制。而社交电商提供了一个线上社交网络，消费者可以通过社交媒体平台与好友分享商品信息、购买建议，增强了购买决策力和购物体验。此外，社交电商还提供了直播销售等新型营销方式，让消费者可以在线上观看产品演示和使用效果的介绍，以增加对商品的信任度。

另一方面，社交电商也给予了小微企业和创业者更多的机会。在传统电商市场中，大厂商往往占据优势，而社交电商则更注重个性化和社区化的营销策略，为小型商家提供了更公平的竞争环境和更广阔的市场空间。此外，一些社交电商平台还提供了一站式服务，包括产品推广、仓储物流等，降低了从事电商的门槛和成本，提高了创业者的成功率。

三、社交电商的发展现状

截至 2023 年，社交电商已成为中国电商市场的重要组成部分。随着移动设备的普及和社交媒体平台的发展，越来越多的消费者选择通过社交电商平台购买商品。在这个领域，一些大型互联网公司如阿里巴巴和腾讯正在积极布局。它们利用自身在电商和社交领域的优势，推出了一系列社交电商产品和服务，包括淘宝直播、微信小店等。此外，一些纯社交电商平台也在迅速崛起。例如，拼多多就是一个以社交为核心的电商平台，用户可以通过邀请好友、分享商品等方式获得更多优惠。

社交电商的发展非常快速，未来还有很大的增长潜力。随着技术的进步和消费者需求的变化，社交电商将会逐渐成为电商行业的新主流。

第三节　社交电商平台技术

一、社交电商平台技术的概念

关于社交电商平台技术的概念定义，每位学者有不同的见解。

格林伯格和克拉夫特（2011）认为，社交媒体技术是指让用户可以通过互联网以及移动设备等方式创建、共享和交流信息的电子工具和平台。这些平台包括社交网络、博客等。阿隆索·罗萨莱斯和贝里曼（2013）将社交媒体技术定义为"一个允许人们共享和访问信息、建立联系并参与交流的平台"。塞尔弗利奇（2013）将社交媒体技术定义为"让人们可以在线上建立、扩大和维护自己的社交网络，并与他人进行交流和信息共享的技术"。德瑞福斯和艾塞（2014）认为，社交媒体技术是指"基于互联网和移动通信技术的平台，允许用户创建、共享和传播内容、建立联系和交流"。

总结来看，社交平台技术是一种基于互联网和移动设备等的通信技术，旨在连接人与人、人与信息，促进信息交流和价值创造。这些技术的应用范围非常广泛，从个人社交到企业营销，都有着重要的作用。

二、社交电商平台技术的具体内容

作为支撑社交电商运营的最基本的技术，社交平台技术包含了社交媒体整合、个性化推荐、实时聊天、多设备支持、用户生成内容等多个方面的具体内容。社交平台技术通过社交媒体整合将社交媒体平台的内容整合进电商平台，让用户可以通过社交媒体和电商平台同时完成购买和分享；通过机器学习和数据分析，为每个用户进行个性化推荐，向用户展示最适合他们的产品。这可以增加用户满意度和购买的可能性；社交电商平台通常有内置的聊天功能，通过实时聊天的技术让买家和卖家之间进行实时交流，以便解决任何问题或疑虑，这对于电商平台的信誉和交易成功率非常重要。社交电商平台应该支持多种设备，例如手机、平板电脑或电脑；社交平台通过用户生成内容（UGC）技术，提供运用简单的工具供用户制作商品内容的功能，这样可鼓励用户创建自己的内容，同时也能吸引更多的潜在客户。

社交平台技术可以为社交电商提供从用户获取到用户服务全过程的技术支持，帮助企业实现用户黏性提升、品牌知名度提高、转化率提升等多项目标。同时，随着技术的不断进步和应用场景的拓展，社交平台技术也将会继续为社交电商的发展提供新的机遇和挑战。

三、社交电商平台技术的应用及影响

社交平台技术在社交电商、社交媒体等领域得到广泛应用，对个人和企业产生了深远的影响。

在社交电商领域，社交平台技术能够提供多种便利的购物方式，如在线支付、物流配送、客户服务等，使消费者能够更加方便地获取商品。对于商家来说，社交平台技术还能够提高品牌知名度和销售量。

在社交媒体领域，社交平台技术可以促进用户之间的互动和交流，同时也为企业提供了更多的宣传渠道。通过社交平台技术，企业可以发布优质的内容来吸引目标受众，提升品牌形象和知名度。

社交平台技术对于个人隐私保护和信息安全也有着重要作用。尽管社交平台技术提供了多种安全措施以保护用户的隐私和信息，但同时也存在用户数据被恶意利用的风险，这需要用户和企业共同努力来减少风险。

一、社交电商的体系

社交电商的体系由基础设施层、平台层、商家层、用户层和政策法规层构成。基础设施层包括互联网基础设施、电子支付系统、物流配送等，这些设施为社交电商提供了必要的技术基础。平台层指的就是社交电商平台，作为社交电商的核心，它通过整合供应链资源和用户需求，为消费者提供了方便快捷的购物通道。平台内容涵盖商品管理、订单管理、客户服务等相关业务。商家是社交电商平台的核心经营主体，他们提供产品或服务以满足消费者的需求，并利用平台进行销售和宣传。商家的参与程度和质量直接影响着平台的生态环境和用户满意度。消费者是社交电商平台的终端用户，他们通过平台来获取所需产品或服务。同时，消费者也对平台的服务质量和商品品质提出了更高的要求。在社交电商体系中，消费者是信息的收集者、流通者和评价者。社交电商行业是一个新兴的行业，在政策和法规上还需要有更明确的指导和规范。政策法规的制定和实施有助于保障消费者权益，促进行业的健康发展。

这五个层次组成了社交电商的完整体系，每一层都与上下层环环相扣，缺一不可。

二、社交电商的交易流程

社交电商需要完整的交易流程，主要是为了确保交易的安全性和可靠性。具体来说，完整的交易流程可以帮助社交电商平台降低交易风险，提高用户体验，强化售后服务和规范市场秩序，从而提高用户的购物体验和平台的信誉度。

社交电商的交易流程大致可分为商品展示、商品搜索、下单购买、支付和物流配送、确认收货和评价、售后服务六个步骤。首先商家对商品进行展示，商家在社交电商平台上发布商品信息，包括商品名称、价格、图片、描述等，在平台上进行展示。然后消费者根据个人需求进行商品搜索，消费者可以通过平台提供的搜索功能查找自己需要的商品，也可以通过推荐引擎获得适合自己的商品推荐。消费者选择心仪的商品后，进入下单购买环节。在这个阶段，消费者需要填写收货地址、支付方式等相关信息，并确认订单。消费者完成订单后，需要进行支付。在确认支付后，商家会安排商品出库并进行物流配送。同时，平台也会向用户发送订单状态更新的信息。商品到达后，消费者进行验收，确认无误后进行评价。在这个过程中，消费者可以对商品品质、售后服务等方面进行评价，同时也为其他用户提供参考意见。如果出现商品质量问题或其他售后问题，消费者可以向商家或平台进行投诉和咨询，商家和平台将尽力解决消费者的问题，维护消费者权益。具体流程如图5-1所示。

图 5-1　社交电商交易流程

三、社交电商运营管理要素

社交电商作为一种全新的商业模式，与传统电商相比，具有市场端销售渠道更广、客户黏性更强、用户参与度更高等方面的优势。然而，这也意味着社交电商运营管理需要更多的专业知识和技能，才能够满足客户需求并提高产品销售量。因此，针对社交电商运营管理的特点和需求，制定合理的策略和方案，对于确保企业的长期发展和竞争优势至关重要。社交电商运营管理要素的存在，就是为了帮助企业更好地了解市场需求和用户心理，制定相应的运营管理策略，并通过有效的执行和监控来实现企业的增长和发展。成功的社交电商运营管理需要社交媒体平台选择、产品选品、产品策划、营销策略、物流配送和数据分析与检测等要素。

社交电商的主体是在社交媒体平台上进行，因此企业需要选择适合自己的平台，例如微信、微博、抖音等。这些平台都有其特点和优势，可以根据产品属性和目标用户来选择。

社交电商的产品具有专业性和多样性，需要专业的团队精心筛选符合市场需求的产品，并保证产品质量和服务。对于任何一款产品来说，成功的策划是至关重要的。对于社交电商来说，选择适合社交媒体传播的产品，并有针对性地进行设计和推广，是提升销售量的重要因素之一。

社交媒体具有强大的传播能力，因此制定一套有效的营销策略是至关重要的。这包括选择合适的社交媒体平台、定位目标客户群体、制作吸引人的广告以及利用社交网络影响力等。

在社交电商中，快速的物流配送对于客户体验和满意度有着非常重要的影响。因此，建立高效的物流配送系统和售后服务体系，能够增强客户黏性。

对于社交电商来说，数据分析非常重要。通过对用户数据的监测和分析，企业可以了解用户需求和购买习惯，进而优化产品设计和营销策略。

这些要素的重要性在于它们能够帮助社交电商企业实现更高效的运营管理和更好的用户体验。社交电商所依托的社交媒体平台，具有传播力强、互动性强等特点，因此运营团队需要通过上述要素，从产品设计到物流配送再到数据分析，全方位地提升企业的竞争力和市场份额。

四、社交电商运营管理的痛点

虽然目前社交电商前景一片大好，但是社交电商依然存在着很多难以克服的痛点。目前社交电商运营管理的痛点主要表现在：

（一）用户数据的收集和分析不足

社交电商平台具有很高的用户参与度和用户黏性，但在用户数据的收集和分析方面仍然存在不足。这导致企业难以全面了解用户需求和购买习惯，从而无法根据用户反馈和数据变化来及时调整产品和营销策略。

（二）物流配送效率低下

社交电商平台通常采用多家物流合作伙伴配送，但由于物流配送环节的复杂性，货物损坏、丢失等问题时有发生，这给用户带来不便，也对企业口碑造成负面影响。

（三）营销策略缺乏创意和个性化

社交电商平台上的产品数量庞大，竞争激烈，因此制定一套有创意、个性化的营销策略是非常重要的。但目前很多社交电商企业还停留在传统的广告宣传方式上，缺乏针对性和创新性，难以吸引到更多的用户。

（四）售后服务体验不佳

社交电商平台上的购物体验需要满足用户对于便捷性和个性化的追求。但由于售后服务体系建设不完善，退货、换货等问题处理效率较低，给用户带来不良的购物体验，会影响用户对平台的信任度。

这些痛点对于社交电商企业的稳健发展和市场占有率提高都存在着一定的阻碍。因此，社交电商企业需要通过加强数据分析、优化物流配送、创新营销策略以及提升售后服务等方面来解决这些痛点，从而提升用户体验和企业竞争力。

 延伸阅读

拼多多作为中国最大的社交电商平台之一，其快速发展和成功背后有着许多值得借鉴的经验。

拼多多于 2015 年成立，最初只是一个微信小程序，旨在提供更加优惠、实惠的团购商品。由于其低价格、高性价比的特点，以及基于微信等社交媒体的推广方式，拼多多很快吸引了大量用户，实现了爆发式增长。

随着平台的不断发展，拼多多逐渐形成了自己独特的商业模式：通过用户分享商品链接、邀请好友参团等方式获得优惠，从而吸引更多的用户加入拼团。同时，拼多多还注重用户口碑的培养和管理，提高用户满意度和忠诚度。

在运营过程中，拼多多还采取了多种策略，如通过数据分析和挖掘，精准预测用户需求；通过社群运营，建立起庞大的用户群体；并且不断创新营销方式，如举办直播带货活动等，吸引更多用户关注和购买。

这些策略的成功实践，使得拼多多在短短数年内迅速崛起，并于 2018 年 7 月在美国纳斯达克上市，市值超过 200 亿美元。同时，拼多多也在商业模式和用户体验方面做出了一系列创新，成了电商行业的领军者之一。

拼多多的成功经验告诉我们，在社交电商平台的运营过程中，需要从用户出发，通过数据分析和社群运营等手段，不断提高用户满意度和忠诚度。同时，也需要创新营销方式，建立品牌口碑，以持续吸引用户关注和购买。

（文章来源：极客时间）

思考题

1. 社交电商平台的成功关键是什么？它们如何在竞争激烈的市场中脱颖而出？

2. 社交电商与传统电商之间存在哪些区别和联系？它们在消费者体验、经营模式、技术支持等方面有何异同？

3. 社交电商对企业的影响是什么？它如何帮助企业拓展市场、提高销售额、建立品牌口碑？

4. 社交电商平台与社交媒体之间的关系是什么？它们如何相互促进，实现共赢？

5. 社交电商平台在数据安全和用户隐私保护方面存在哪些风险？如何采取措施加强安全保护、减少风险发生的可能性？

 作业

1. 假设你是一家社交电商平台的运营管理者，请你分析以下问题并回答相关问题：

你如何选择和筛选优质商品，提高平台的竞争力？

如何建立完善的用户管理机制，包括会员制度、用户画像分析等？

你如何吸引更多的商家入驻，扩大商品种类和数量？

请列举几种适合社交电商平台的营销策略，并分析各自的优缺点。

2. 社交电商平台需要不断更新升级技术，保证平台的稳定性和安全性。请列举具体的技术手段，以及它们在平台管理中的作用。数据分析在社交电商平台中起着至关重要的作用，请分析如何进行数据分析和挖掘，在为用户提供个性化服务的同时，提升平台经营效率。

①社交电商平台在售后服务方面需要做哪些工作？请详细描述售后服务流程，并说明消费者投诉处理的具体方法。

②社交电商平台在信息安全和隐私保护方面需要采取哪些措施？请列举具体措施，并说明各自的优缺点。

第六章

移动支付

学习目标和要求

本章主要阐述移动支付的概念、分类、主要技术、发展现状等。通过本章学习，学生应达到以下目标和要求：

（1）认识和学习移动支付的主要技术。

（2）认识和学习移动支付的发展现状与趋势。

（3）了解并掌握移动支付的分类、应用场景和模型。

（4）了解移动支付助力零售业发展。

本章主要概念

移动支付　远程移动支付　近场移动支付　RFID　二维码

第一节　移动支付概述

一、移动支付简介

（一）移动支付的定义

移动支付是指移动客户端利用手机等电子产品来进行电子货币支付。移动支付将互联网、终端设备、金融机构有效地联合起来，形成了一个新型的支付体系；移动支付不仅仅能够进行货币支付，还可以缴纳话费、燃气、水电等生活费用。移动支付开创了新的支付方式，使电子货币开始普及。

（二）移动支付发展史

移动支付最早出现在赫尔辛基的一台可口可乐自动售卖机上，这是由芬兰 Merita 银行推出的移动支付银行服务，通过手机短信来完成支付指令。当客户在这台自动售卖机购买可口可乐，客户需通过短信发送支付口令，然后通过支付系统给予这台自动售卖机一条完成支付的口令，机器在接收到指令后会自动放出购买的产品。日本是最早发展移动支付的国家，NTT DOCOMO 在 1999 年推出 i-mode 上网模式，使手机的功能由原本简单的通信及短信发送向电脑靠拢。通过手机，使用者可以利用互联网来进行邮件的发送、完成音乐的下载、浏览网页等，也通过这个平台，他们更容易接受之后手机的近场支付。在 RFID（射频识别）技术的基础上逐渐衍生出了 NFC（近场通信）技术。NFC 在 2004 年被研发出来，但是并没有受到太多关注，直到 2010 年谷歌发布 Android 2.3，才实现了 NFC 的广泛使用，同时也为移动支付发展带来转折。现在，主流的手机品牌均支持 NFC 支付，在手机销售排前列的三星、苹果、华为、OPPO、VIVO 和在中国很受欢迎的小米新发布的手机大部分都带有 NFC 功能。

20 世纪 90 年代在日本与韩国已经出现了二维码支付技术。而在 2010 年底，国内的二维码才开始被广泛使用。但我国二维码支付发展迅猛，2022 年，我国支付清算协会对移动支付消费者进行调查发现，二维码仍是我国移动支付用户最常用的支付方式，95.8%的用户表示经常用二维码，超过八成的用户每天都使用移动支付，移动支付已成为人们日常生活中不可或缺的支付方式。根据《Worldpay 2018 年全球支付报告》的预测，到 2024 移动端交易额年增长率将达到 16%，而同期计算机端年增长率则为 11%。2020 年中国移动电子商务市场市值已达 1.18 万亿美元，是第二大市场美国的三倍。

（三）移动支付的特征

1. 时空限制小

互联网时代下的移动支付打破了传统支付时空的限制，使用户可以随时随地进行支付活动。传统支付以现金支付为主，需要用户与商户之间面对面支付，对支付时间和地点都有很大的限制；移动支付以手机支付为主，用户可以用手机随时随地进行支付活动，不受时间和空间的限制，如用户可以随时在淘宝等网上商城进行购物和支付活动。

2. 方便管理

用户可以随时随地通过手机进行各种支付活动，并对个人账户进行查询、转账、缴费、充值等操作，也可随时了解自己的消费信息。这给用户的生活带来了极大的便利，也更方便用户对个人账户的管理。

3. 隐私度较高

移动支付需要用户将银行卡与手机绑定，进行支付活动时，需要输入支付密码或进行指纹验证，且支付密码不同于银行卡密码，这使移动支付能较好地保护用户的隐私。

4. 综合度较高

移动支付有较高的综合度，为用户提供了多种类型服务。例如：用户可以通过手机缴纳家里的水、电、气费，可以通过手机进行个人账户管理，可以通过手机进行网上购物等各类支付活动。

二、移动支付的分类和应用场景

（一）移动支付的分类

目前移动支付的分类方式主要包括以下四种：

根据支付金额的大小，可以将移动支付分为小额支付和大额支付。小额支付业务指运营商与银行合作，建立预存费用的账户，用户通过移动通信的平台发出划账指令代缴费用。大额支付指把用户银行账户和手机号码进行绑定，用户通过多种方式对与手机捆绑的银行卡进行交易操作。

根据支付时支付方与受付方是否在同一现场，可以将移动电子支付分为远程支付和现场支付。如通过手机购买铃声就是远程支付，而通过手机在自动售货机上购买饮料则是现场支付。

根据支付账户的不同，移动支付可分为三种：①银行卡账户支付，即用户在移动终端上操作银行卡账户进行支付。②话费账户支付，即用户在移动终端上操作手机话费账户进行支付。③中间账户支付，即用户在移动运营商或第三方支付企业处开通自有账户，先充值后消费，用户在移动终端上可以操作自有账户。

根据运营主体的不同，移动支付可分为三种：①移动运营商为主体的移动支付，即移动支付平台由移动运营商建设、运行、维护及管理。②银行为主体的移动支付，即银行为用户提供付款途径，通过可靠的银行系统进行鉴权、支付。移动运营商只为银行和用户提供信息通道，不参与支付过程。③第三方支付企业为主体的移动支付，即移动支付平台由第三方支付企业建设、运行、维护和管理。

（二）移动支付的应用场景

1. 购物

随着电子商务的快速发展，人们越来越热衷于通过电商平台购买商品，这样既省时又省力，同时也促进了移动支付的发展。随着移动支付的快速发展，除了网络购物以外，线下各个大型商场，甚至街边的小服装店、饰品店等也开始为消费者提供扫码支付等移动支付方式。现如今，人们可以通过手机直接购买自己想买的商品，可以不带现金出门逛街，可以直接用移动支付的方式结账，再也不用担心逛街时选好物品却发现钱没带够。

2. 饮食

随着各种餐饮类应用软件如美团、饿了吗等网上订餐平台的兴起和发展，移动支付开始进入餐饮行业，这给不会或者不愿做饭的人们带来了极大的便利，也为大学生群体提供了福利。消费者可以直接从网上订餐平台中下单并支付，然后在家或宿舍中等待外卖的到来。当然，除了线上的餐饮平台，线下的各类餐饮店如沙县小吃、益和堂、肯德基等，不论规模的大小，也都逐步开始使用移动支付的方式。

3. 生活

随着支付宝等移动支付平台的发展，移动支付也开始扩大其范围。如今，人们可以通过支付宝、微信等移动支付平台缴纳家里的水、电、气费；可以购买理财产品、保险等；可以缴纳手机话费；可以向别人进行转账服务；可以随时随地查询自己一周、一月甚至一年的消费情况；在我国绝大部分地区，去菜市场买菜也可以使用移动支付。除此之外，移动支付平台还有很多的功能。移动支付的不断发展为人们的生活带来了便利。

4. 出行

现如今，人们出行也可以使用移动支付手段了。例如在滴滴出行、共享单车等移动出行平台，人们可以在平台上选择乘坐私家车、出租车等，又或者自己骑单车出行游玩。当然，坐公交也是一种日常的出行方式。移动出行平台和移动支付平台的结合，给人们的出行带来了极大的便利，人们再也不用在乘坐公交车时纠结没有零钱的问题。

三、移动支付流程

在使用移动支付的过程中，大致涉及消费者、商家、金融机构以及移动运营商四个方面。移动运营商的支付管理系统在整个移动支付环节中提供了前提与可能性，维系着移动支付流程中的每一个环节，是一个具有核心纽带功能的重要组成部分。首先有消费者发出商品选择与购买的信号指令，该指令通过对无线运营商支付管理系统的使用，发送到商家的商品交易管理系统。其次商家在收到消费者发出的选择购买商品指令后，通过无线运营商支付管理系统将该指令反馈回消费者的手机终端进行确认工作，在得到消费者确认操作的回复后，购买指令才会继续操作，否则该操作将被视为无效而终止。无线运营商支付管理系统只有在得到消费者确认的操作指令之后，才进行交易记录的详细工作，同时也对金融机构发出指令，在消费者和商户之间进行支付的清算工作，并且通知商家提供交易服务。最后则是商家主动提供消费者所购买的物质产品或服务。

第二节　移动支付技术实现方案

根据应用场景的不同，移动支付的技术实现方案也不尽相同。根据支付时支付方与受付方是否在同一现场，移动支付可分为远程支付和近场支付两大类，因此技术方案也可分为远程支付技术方案和近场支付技术方案。

一、远程支付

远程支付也称线上支付，指交易双方不需要面对面交互，而是利用移动终端通过移动通信网络接入移动支付后台系统，完成支付行为的支付方式。一个典型的远程支付流程是，用户在移动终端的电子商务网站购买产品后，点击商家提供的付款页面，随后手机页面便会自动跳转至手机银行或第三方移动支付页面，用户可在此页面可完成支付流程。此外，通过短消息服务（short messaging service，SMS）、互动式语音应答（interactive voice response，IVR）等方式进行的移动支付也属于远程支付。

（一）短信支付

短信支付指用户通过编辑、发送短信完成支付业务。用户在进行短信支付时，包含支付信息的短信从用户移动客户端发送到短信处理平台，短信平台识别、审核和交换后，支付信息被转发到支付接入平台和账户管理系统完成相关业务。对用户而言短信支付简单易操作，使用门槛低；对商家而言，我国移动设备的普及和网络环境的高速发展完全能实现短信支付，商家业务实施成本低。

典型的短信支付业务有上海电信推出的手机缴费业务和肯尼亚电信运营商推出的M-PESA业务。在上海电信推出的手机缴费业务中，用户首先将自己的手机号码与一个支付账户（比如付费宝）绑定，并针对要缴费的业务申请开通手机缴费功能。每月该业务账单生成后，系统向用户发送账单信息（包括条码号、金额等）；用户可以编辑并发送短信到特定的支付服务接入号，发起手机缴费。具体流程如图6-1所示。M-PESA在肯尼亚当地的斯瓦希里语中，就是"移动货币"的意思，M-PESA是肯尼亚电信运营商Safaricom推出的全球首个由移动运营商独立开发和运作、传统商业银行不参与运营的新型移动银行业务。M-PESA是一种虚拟的电子货币，用户开通M-PESA业务后，只需要通过发送短信就可完成转账，并且汇款人和收款人都不要求拥有银行账户，收款人持收到的转账短信即可到M-PESA代理点兑换现金。

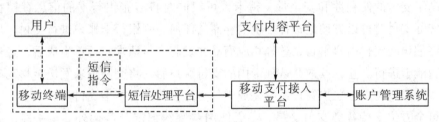

图6-1　短信支付流程图

（二）客户端支付

客户端支付是一种无卡支付，指用户通过移动互联网浏览器或客户端，经互联网与支付平台交互完成支付的业务。客户端软件可分为浏览器和专用客户端两种，因此客户端支付也可分为浏览器支付和专用客户端支付两种技术形态。浏览器支付是指用户通过移动终端的浏览器连接移动互联网，与移动支付接入平台和支付内容平台进行交互完成支付的技术。浏览器支付无须安装客户端软件，可通过浏览器或双因子验证方式完成支付操作。专用客户端支付是指用户使用专用的移动终端客户端软件，连接移动互联网，与移动支付接入平台和支付内容平台进行交互完成支付的技术。专用客户端支付是专门针对某类支付业务设计的，功能强大，流程灵活，用户体验较好，并且可端到端加密。

典型的客户端支付业务有客户端版手机银行业务，如招商银行推出的客户端版手机，招商银行的用户可在ios、Android等系统的智能手机或平板电脑中下载安装招商银行的手机银行客户端，使用银行卡或信用卡账户登录后，可办理银行账户查询、转账汇款、信用卡还款、充值缴费、申购/赎回基金及理财产品等多种金融应用，实现了"移动互联时代，银行随身带"。具体流程如图6-2所示。

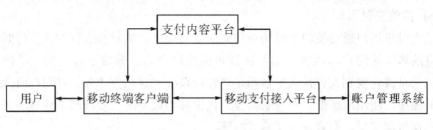

图 6-2 客户端支付流程图

（三）智能卡支付

智能卡支付指用户通过存储着支付数据的智能卡进行安全认证的远程支付业务。本书中的智能卡特指集成了安全运算单元和安全储存的集成电路卡，包含 SIM 卡、UIM 卡、SD 卡、手机内置 SE 等形态。智能卡支付技术以具有安全芯片的智能卡作为银行卡、电子钱包、电子现金等支付账户的载体，提供基于 PBOC（中国人民银行）规范流程的安全计算和存储，实现身份验证、交易数据保护、交易数据完整性和不可抵赖性的技术支持，从而保证支付交易的整体安全。UPCards 是银联标准卡的缩写，支持目前的银联标准卡（磁条）应用和 PBOC2.0 借/贷记应用。将持卡人持有的银联标准卡应用，通过一定机制安全地存储在手机中嵌入的智能卡内，实现了和传统银行卡一样的使用接口，提高了支付的便利性和安全性，持卡人可以同时将多张银行卡的信息存储在手机上，在实际支付时可以方便地选择手机内存储的任何一张银行卡账户进行支付。用户通过手机终端访问支付内容平台，选择相应商品并发起支付请求，订单生成后，通过手机终端与智能卡进行交互，读取并认证卡内的支付账户后，将交易请求发送至移动支付接入平台，并最终转发至账户管理系统完成支付交易授权。智能卡支付具有安全、高效的特点，可全方位支持各类支付交易，不必使用"签约绑定"等额外安全手段，而且可以使用客户端，为用户带来良好的交互体验。使用智能卡远程支付的典型业务有银联 UPCards 业务和银联 SD 卡远程支付业务等。CUPMobile 是中国银联 2005 年推出的移动支付应用平台，CUPMobile 包括 UPCash、UPCards、UPVoucher 等移动支付业务。

（四）移动终端外设支付

移动终端外设支付是指在移动支付的总体架构基础上增加外接读卡器模块和移动终端客户端，用户通过移动终端发起支付请求，并通过移动终端的外接设备进行刷卡或账户访问操作，再由移动互联网与支付平台交互完成支付。移动终端外设支付将移动终端改造为支付受理终端，大大拓展了银行卡等设备的受理环境，而且成本低，适合有收款需求的小商户。但收款门槛降低的同时也带来了安全隐患，如非法商户恶意收集用户银行卡等账户。但对于个人用户而言，用户必须同时携带手机和外界读卡器才能完成支付，没有其他支付方式便捷。

典型的移动终端外设支付业务有国外的 Square 支付产品。Square 公司的支付产品是一个带音频接口的外接读卡器，插入移动终端的音频接口后，用户可在读卡器上刷银行卡，读卡器将刷卡信息转换成音频信号，由安装在 iPhone 或 Android 系统的移动终端上的 Square 客户端软件将音频再转换成数字信息，然后将支付应用和刷卡付款信息用加密的方式传输到服务器端，服务器端再返回刷卡是否成功的信息，完成刷卡支付。通过这种方式，将用户的移动终端变成一个刷卡 POS 终端，使得用户无须开通网银即可享受丰富的在线支付服务。Square 产品的主要应用场合是商户收款。商户需要收款时，在手机支付界面中输入金额等订单信息和持卡人的手机号码，生成支付订单；用户（持卡人）确定订单信息，通过 Square 刷卡，并输入密码、银行卡卡号及密码信息，通过网络送到后台进行验证。

二、近场支付

近场支付是指用户必须与商户面对面交互，移动终端通过非接触式受理终端在本地或接入网络完成支付过程的支付方式。近场支付的基础是 RFID 技术。

（一）RFID 技术

RFID 技术利用无线射频方式在读写器和射频卡之间进行非接触双向数据传输，以达到目标识别和数据交换的目的。与传统的条形码、磁卡及 IC 卡相比，射频识别具有非接触、读写速度快、无磨损、不受环境影响、寿命长、便于使用等特点和具有防冲突功能，能同时处理多张电子标签。最基本的 RFID 系统由三部分组成：

电子标签（tag）：由耦合元件及芯片组成，每个标签具有唯一的电子编码，附着在物体上标识目标对象；

读写器（reader）：具备读取和写入标签信息功能的设备，可设计为手持式或固定式；

天线（antenna）：在标签和读写器间传递射频信号。有些系统还通过读写器的 RS232 或 RS485 接口与外部计算机（上位机主系统）连接，进行数据交换。

在实际应用中，RFID 系统的电子标签附着在待识别物体的表面或者内部，电子标签中保存有约定格式的电子数据。读写器可无接触地读取并识别电子标签中所保存的电子数据，从而达到自动识别物体的目的。RFID 标签分为被动、半被动和主动式标签三类。被动式标签没有内部供电电源，其内部集成电路通过接收到的电磁波进行驱动，这些电磁波是由 RFID 读卡器发出的。当标签接收到足够强的信号时，可以向读卡器发出数据。半被动式标签与被动式标签类似，但多了一个小型电池，用于回传信号给读卡器。主动式标签本身具有内部电源，使得标签拥有较长的读取距离和较大的记忆体容量，可以满足更多应用场景的需求。

（二）双界面卡（扩展）解决方案

双界面 SIM/UIM 卡是一种多功能的智能卡，具有 SIM/UIM 接触界面和 RFID 非接触界面两个工作界面。其接触界面可实现通信业务功能；非接触界面可实现基于 13.56MHz 射频的非通信应用，如电子钱包、银行电子现金/借贷记应用、公交行业应用、校企一卡通等。通过接触界面和非接触界面，都可以执行相同的操作。两个界面分别遵循两个不同的标准，接触界面符合 ISO/IEC7816 标准，非接触界面符合 ISO/IEC14443 标准。由于不需要终端支持，双界面天线卡产品实施简单、成本低，而且由于采用行业普遍应用的 13.56MHz 工作频率，可方便地应用于公交、金融等众多领域，因此双界天线卡可迅速规模商用。但双界面天线卡有较大的 RFID 线圈，使得用户安装与使用不方便，较容易损坏，刷卡稳定性和适配性稍差，使用感知较差。同时，也占用了 C4、C8 触点，和国际标准应用中的大容量卡应用冲突。

（三）2.4GRF-SIM/UIM 卡解决方案

2.4GRF-SIM/UIM 卡是集成了 2.4GHz 频率的射频芯片的 SIM/UIM 卡，使用 2.4GRF-SIM/UIM 卡，通过距离控制算法等技术，不需要带天线，也不需要更换手机，即可实现现场刷卡功能。

该解决方案集可应用于下面三大场景。其一是手机电子现金/借贷记应用：将金融机构的电子现金或借贷记账户加载到手机终端 SIM/UIM 卡上，刷卡进行小额消费。例如中国联通和工商银行合作的牡丹沃银、中国电信与中国银行合作的天翼长城卡产品。其二是手机公交一卡通：由通信运营商与各省市当地公交公司合作发行。它将公交一卡通账户加载到手机终端 SIM/UIM 卡上，用户可用来乘坐公交、地铁等。例如中国电信基于双界面卡的金陵翼卡通、天翼羊城通等产品。最后是手机校企一卡通：面向校园和企事业单位，基于手机终端提供门禁、考勤等后勤管理服务、内部消费服务等信息化应用的综合服务产品。中国电信、中国移动、中国联通在一些省市已开展校企一卡通应用。

三、近场支付新技术

（一）双界面全卡产品

目前应用于移动支付的双界面天线卡由于带有大天线，刷卡效果不佳，用户感知不好，且天线折损后业务不能使用，一直被业界诟病。鉴于此，国内外众多芯片厂商和智能卡厂商纷纷加大力度研发双界面全卡产品，目前已取得一定的成果。其中有两大类主流产品：一类是通过桥接器做中转来实现的全卡方案；一类是不需要桥接器的全卡方案。通过桥接器中转实现的全卡方案以 QUIM 卡为代表。QUIM 是上海坤锐公司开发的一种 13.56MHz 全卡产品，QUIM 不需要外接天线，而是通过一个专门的线桥进行信号传递的桥接过渡，实现手机支付。

QUIM 卡的工作流程是：高频读写器发出 13.56MHz 的射频信号，QUIM 卡收到读头发出的射频命令后，以另外的频率返回一个信号给线桥，线桥收到卡片返回的信号后对卡片返回的信号进行放大，以 1.56MHz 的频率将结果返回给读头。由于卡片与线桥之间以不同于 13.56MHz 的通信频率进行通信，受外界环境干扰大大减小，对金属后盖的手机一样适用；当 UIM 卡位于手机电池下方时，也可以刷卡。线桥是独立的模块，既可安装在读写器中，也可以部署在手机外壳中。

（二）2.4G 卡片新产品

2.4G 卡片研发厂家根据市场需求情况，也在不断研发新的 2.4G 卡产品。

1. 2.4G/13.56M 双模卡

目前厦门盛华公司已研发出同时支持 2.4G 和 13.56M 非接触通信的卡产品。这类卡产品分为两类。第一类卡片支持 SWP 协议，通过 C6 引脚与手机终端通信，支持 SWP 的 NFC 手机可在 13.56MHz 的 POS 受理环境刷卡支付。第二类卡片同时集成 2.4G 和 13.56M RFID 芯片，通过 C4 和 C8 引脚连接外置天线。此类卡片既是一种 2.4G 的 RF-SIM 卡，同时也是一种 13.56M 的双界面卡。如果卡片不外接天线，也可以与电信定制手机配合使用，解决天线易损坏问题。

2. Micro RF-SIM/UIM 卡

Micro RF-SIM/UIM 卡与传统 2.4G RF-SIM/UIM 卡在功能上没有任何差异，只是在外观尺寸上做了改变。由于尺寸比传统 RF-SIM/UIM 卡减小 50% 左右，Micro RF-SIM/UIM 卡在硬件设计上做了许多改进，支持模拟 Mitare PBOC 钱包、存储空间。最重要的是，Micro RF-SM/UIM 支持苹果的 iPhone4 以及后续采用小卡槽模式的手机终端，是目前能在 iPhone 上实现射频交易功能的唯一卡产品。

（三）条码支付

2011 年 7 月全球领先的第三方支付平台支付宝在广州网货会上宣布推出全新的手机支付产品条码支付（barcode pay）方案，旨在为数以百万计的微小商户提供无须额外设备的低成本收款服务，只需一支智能机就能完成收款。这是全球第一个条码支付产品，也是支付宝首次通过在线支付技术进入线下市场，实现现场购物、手机支付。使用条码支付业务，只需要四步就可以完成付款：第一步，收款人从支付宝客户端进入"我要收款"功能，并输入对方支付宝账户、收款金额、收款理由后，单击"下一步"按钮；第二步，付款人从支付宝客户端中选择条码支付，切换显示付款人的条码，收款人选择"扫描对方二维码"，并扫描；第三步，付款人在手机上看到对方收款金额、收款理由等信息，确认付款；第四步，收款人和付款人手机上分别显示交易完成信息。手机条码支付不需要对手机进行额外改造，只需要下教安装客户端，就可完成线下消费，比如去超市购物。Android、ios、Symbian 三大智能机系统已经开始支持此项服务。

（四）指纹支付

指纹支付是利用指纹认证的生物识别技术进行缴费支付的业务。用户将自己的指纹信息数据与指定银行账户绑定，就能达到扫描指纹等同于刷银行卡的效果。用户购物或消费时，使用手指在指纹识别终端中扫描，确认用户的身份后，后台查询与用户绑定的银行账户，从银行卡中扣款完成支付。使用指纹支付，用户在购物或消费时无须携带银行卡或现金，支付过程安全、便捷、时尚。

（五）声波支付

成都摩宝网络科技有限公司开发了一种利用声纹进行支付的解决方案——蝙蝠手机支付技术（简称为 Mo 蝙蝠）。Mo 蝙蝠是一项利用声波或超声波实现近距离无接触式数据通信的技术，允许电子设备之间进行非接触式点对点数据传输（在 10cm 内）交换数据。Mo 蝙蝠充分利用手机固有的音频播放和录制功能，在不增加和修改硬件的条件下，即可实现手机间、手机与设备（如 PC、PDA 和 PAD 等）间的近距离非接触式的双向数据交换，为消费者提供时尚、安全、可靠、便捷的生活方式。Mo 蝙蝠是一种新颖的近距离安全数据通信方式，在手机支付等领域内发挥着巨大的作用。其最显著的优势在于对电子设备固有功能的使用，只要具备音频播放和录制功能，就可实现近距离安全、可靠、稳定的双向数据传输，这一点优于 NFC 红外和蓝牙等传输方式。用户只需要下载一个超声波软件即可使用这种方式。Mo 蝙蝠已被实际用于摩宝网络科技有限公司推出的 Mo 立方和 Mo 支付业务。

四、扫码支付

（一）二维码

随着数字时代的到来，二维码越发融入我们的生活。很多场合都有二维码，看网页要扫二维码，加好友要扫二维码，在菜市场买菜也需要扫二维码支付。二维码给我们的生活带来了极大便利。二维码的原理究竟是什么？

在了解二维码以前，我们先来了解它的前身——条形码。条形码是将每种商品进行编号，用粗细不同的黑条组成独一无二的商品"指纹"，例如在商品包装上经常看到的粗细不均的黑白条，里面就藏着商品编号信息，如价格、商品名称等。但是条形码只能在同一个方向上进行编码，因此也被称为一维码，一维码各种组合的数量有限，信息容量小，并且只能用实体的扫描枪进行物理扫描，所以在条形码的基础上产生了二维码。

二维码就是把信息翻译成一个个黑白小方块，然后再填进一个大方块里。如何将信息和黑白方块相对应呢？这就要提到一个具有划时代意义的发明——二进制。通过二进制，把每一个文字、数字、符号"翻译"成一串由"0"和"1"组成的字符串。用白色方格代表"0"、黑色方格代表"1"。然后按特定规律，把这些白色与黑色方格进行排列，就得到了二维码。二维码实质上就是把信息（数据）转成二进制码，再把二进制码填充到二维码这个大方块中。那么三个"蹲"在角落里的黑方块是做什么用的呢？它们是用来定位的，让你不管是横着扫还是竖着扫，都能够准确无误地获取到二维码里记录的信息。相较于条形码只能在水平方向存储信息，二维码则是在两个维度上记录信息，加大了信息的存储量。

扫码支付指用户打开微信、支付宝钱包中的"扫一扫"功能，扫描商家展示在某收银场景下的二维码并进行支付的模式。该模式适用于线下实体店支付、面对面支付等场景。现如今使用这种方式的是最多的。

（二）静态聚合码

一般情况下，支付宝和微信的二维码是不互通的，支付宝不会支持微信的二维码进行付款。近几年我们经常看到商家贴出静态聚合码，通过这个码消费者既可以使用微信付款，又可以使用支付宝付款。那么这里面的逻辑是怎样的呢？

任何支付行为都是通过一个支付链接来完成的，而支付链接内容会包括必要信息，如来源、金额、商户信息等。而每个支付链接只能由其对应的服务端处理，即用户使用支付宝二维码完成支付行为，最终付款会指向支付宝的服务端，而微信二维码则会指向微信的服务端。要实现上述的聚合码付款，需一个前置的中间环节，需要这样的一个通用的二维码来优先判断付款来源方。在技术实现上会有 userAgent 来判断用户来自哪种客户端。如果是 Micro Messenger，则表示微信；如果是 Alipay Client，则是支付宝。

·用户通过微信/支付宝扫描静态聚合码；

·系统判断扫码来源是微信还是支付宝，技术层面一般会用 userAgent 进行区分；

·确认来源后请求对应的渠道，如确认是支付宝，则直接请求支付宝进行支付即可；

·支付完成，异步通知商户对应的支付结果。

聚合二维码的推出，提高了用户和商户的便利性；同时也会帮助商户实现统一对账功能，解决财务上对账难的烦恼。

（三）条码互联

中国人民银行印发银发〔2019〕209 号文件，明确指出要推动条码支付互联互通。央行主推条码业务进行互联互通，至少有三个价值点：

1. 为商家和用户提供便利

对于商家而言，无须再提供一堆不同的二维码，也无须中间的聚合服务商提供服务；对于用户而言，无须识别区分是何种二维码，打开 App 扫一扫就可实现支付。

2. 梳理规范，降低风险

以后更多二维码交易将会通过银联/网联进行结算，交易更加规范和统一，有利于风险共享和识别，对监管有利；降低聚合支付的市场空间，有利于保持秩序。

3. 打破市场竞争壁垒，更加有利于公平

这样相对更公平一些，而市场格局不会发生太大变化。同样的，在"断直连"之后也并未影响支付宝、微信的市场份额。

第三节　移动支付发展现状与趋势

一、移动支付现状

（一）发展稳定并且规模不断增加

随着计算机技术的发展和互联网的普及，网络零售已被人广泛接受。中国银联发布的《2022 年移动支付安全大调查研究报告》指出，截至 2022 年 6 月，我国网络支付用户规模达 9.04 亿，较 2021 年 12 月增长 81 万，我国移动支付整体市场覆盖率排名全球第一。

由图 6-3 可知，我国移动支付的交易规模和用户规模都在持续增长，移动支付发展迅速。

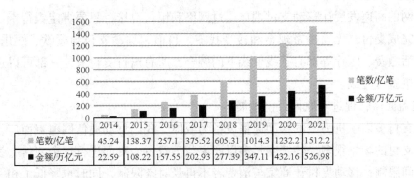

	2014	2015	2016	2017	2018	2019	2020	2021
笔数/亿笔	45.24	138.37	257.1	375.52	605.31	1014.3	1232.2	1512.2
金额/万亿元	22.59	108.22	157.55	202.93	277.39	347.11	432.16	526.98

图 6-3　2014—2021 年我国移动支付的交易笔数和交易金额统计

（二）服务内容多样化、个性化

购物上，可以在电子商务平台上通过移动支付进行网上购物，线下购物中心等也可提供代码扫描支付。饮食上，移动支付助推在线餐饮订购平台，让消费者在线订购下单并付款；线下餐饮店也可通过移动支付减少现金使用的不便。生活上，人们可在微信、支付宝等移动支付平台上缴纳家庭水、电、气等费用，也可满足部分购买金融产品和保险的消费需求。出行上，移动支付和打车软件及其他出行票务平台的合作让消费者享受到更加便捷、高效的出行服务；公共交通使用移动支付也在一定程度上节约了乘客时间，减少了人力成本。

在大数据环境下，对用户的消费数据进行收集、整理并分析，得出用户的消费习惯，为用户提供更为精准的个性化消费信息与数据，引导用户积极使用移动支付。分析用户消费数据，结合移动支付平台所推出信贷产品，对不同消费群体有不同的信贷额度。

（三）移动支付平台竞争激烈

我国移动支付平台多采用"先模仿后超越"的做法。因此，这些移动支付平台提供的服务与产品大致相同，核心竞争力差，并且大多数移动支付平台多将收取操作手续费作为主要盈利点，移动支付平台为抢占市场份额，会采用价格战、非常规的竞争手段，使平台不能为用户提供持续、安全、稳定的服务。而作为移动支付平台的优秀典范支付宝，它上线的蚂蚁森林增加了用户对支付宝的使用频率。蚂蚁森林具有的创新性、环保性等特点，在一定程度上吸引了部分潜在消费者，也刺激了部分消费者使用第三方支付。所以，移动支付平台应当提高自己的核心竞争力。

（四）高频化与小额化的交易金额

移动支付的目标消费群体支付需求大，在支付安全性不断提高、应用场景持续丰富、用户体验不断优化的情况下，移动支付已渗透进人们生活的方方面面，日常通行、餐饮食宿等交易越来越高频化、金额越来越小额化，并且逐渐渗透教育、旅游、医疗等金额较大的支付领域。

二、移动支付利弊

（一）利

1. 便捷、高效

互联网的高速发展让移动支付端口通过网络和银行对接，只要绑定银行卡，交易时扫码即可完成支付，无须携带现金和接受找零。目前，移动支付与餐饮、娱乐、出行、购物、生活缴费、医疗等都有了线上线下的融合，所有出行支付只需一部可以进行移动支付的手机就可完成。

2. 覆盖面广，促进互联网经济发展

移动支付多以手机为主的移动通信设备为载体，我国移动通信网覆盖面广，因此可进行移动支付的场景很多。传统支付多以商家与消费者面对面进行现金支付，易受交易地点和时间限制；移动支付让商家与消费者不再受时空限制，同时也降低了相关人员成本。移动支付是促进共享经济发展的基础，共享充电宝、共享单车等行业的高度发展依赖着移动支付的发展，促进了互联网经济发展。

3. 节能环保，减少传播

移动支付的发展使得纸币的使用量大大减少，制造纸币的原料也会大量减少，也能在一定程度上保护我们的环境。此外，在移动支付未普及阶段，支付主要通过现金来完成，一张纸币极可能经过成百上千人的手才会被回收，在流通过程中很容易携带一些病菌，可能会影响到人体健康。移动支付的使用减少了纸币人与人之间的传递，能够降低细菌和病毒感染的风险。

4. 降低货币支付的风险

移动支付的使用和普及，减少了纸币的使用和流通。在移动支付未普及时，有部分不法分子制造假币、用假币支付，并将假币流通到货币市场。这不仅违反了我国法律，也造成了他人财产损失，产生恶劣后果。

（二）弊

1. 存在信息泄露、财产损失风险

移动支付的载体多为手机等电子产品。移动设备也易被部分软件携带的病毒侵入，使得用户个人隐私信息泄露。甚至会有不法分子制作恶意软件盗取、贩卖用户隐私给部分商家以获取利润。不法分子利用网络和用户隐私，制造虚假恶意网络页面，引诱用户点击、发送重要验证码，导致用户的支付账户名和密码泄露，造成财产损失。

2. 监管体制不健全，影响国家货币政策

我国货币由中央银行发行。货币的发行是中央银行对宏观经济进行调控的先决条件，是中央银行制定和实施货币政策的基础。移动支付市场多由第三方移动支付平台占领，中央银行对电子货币的使用、流通难以监管，使发行货币垄断地位产生动摇。移动支付的行业标准不健全，没有专有明确的监管主体，导致对移动支付的监管出现盲区和重复监管，降低了监管有效性，导致监管资源的浪费。

3. 农村老龄居民对移动支付认可度不高

农村居民在年龄分布上多以老人和儿童为主；在受教育程度上，农村居民总体受教育水平较低，而受教育程度会影响农村居民对移动支付的认知；在习惯支付方式上，大部分居民仍选择使用现金支付，对移动支付依赖度低。

三、移动支付趋势

（一）城镇化发展

随着移动支付的发展，移动支付基础设施不断完善。并且随着电子商务的发展，农村电商也逐渐兴起，对移动支付的需求也日渐增加。在金融行业，移动支付也助力农村市场实现了金融服务的渗透，加速了农业产业价值链的数字化进程。

（二）规范化、标准化行业

随着移动支付的不断发展，各地方政府在不同的时间都对技术实施了更严格的监管，出台数据保密法规、注重数据安全。例如《重庆市技术市场条例》第十三条指出在技术贸易活动中，禁止做出法律、法规禁止的其他行为。一些国家也规定支付机构必须获得授权才能收集的客户私人数据，并且数据使用严格限定在特定授权范围内。

（三）移动支付机构与政府银行机构等合作日益紧密

移动支付机构可承担政府的行政事业性收费，此外，还可与银行等合作，以较低的

佣金或管理费在移动支付平台上开户、销售理财产品等。而银行和移动运营商都会花费更多的成本进行核心技术的研发，进一步提高移动支付机构的核心竞争力。同时，在资源共享、产品开发以及信息安全等方面，银行和移动运营商的联系会变得更加紧密；移动运营商也可以和多个银行组成战略发展联盟，为用户提供更加方便优质的服务。

（四）拓展海外市场

我国移动支付的快速发展也推动了移动支付在海外的发展。2018 年，支付宝已在全球 200 多个国家和地区入驻，并支持 18 种外币清算。同时，微信支付也可在 18 个国家和地区使用。

四、应对措施

政府：明确监管主体，加强各监管部门合作；完善移动支付法律体系、监管体系以及信用体系。平台：通过一定措施提醒、鼓励消费者使用移动支付；也可以辅助引流促销支持，促使商家积极主动使用移动支付工具；研发移动支付风险识别定位智能系统，推动完善移动支付预付资金监管系统；严厉打击内部员工窃取、贩卖、泄露个人用户隐私。消费者：提高风险防范意识，加强网络虚假信息辨别；当自身合法权益受到侵害时，采取法律手段来维护自己的权益。

第四节　移动支付助力零售业发展

一、推动传统零售发展

1. 交易、等待成本降低

传统支付环节的交易及等待成本较高，需要更多人力，消费者也会在收银找零的等待时间中消耗耐心，不利于稳定消费人群。移动支付的使用让部分消费者自助收银，节约人力成本；通过扫码、刷脸等形式即可完成支付，极大地提高传统零售的销售效率。

2. 精细化、灵活支付

随着高新技术的发展特别是互联网通信技术的进步，传统支付模式越来越难以满足消费者多元化、个性化、精细化的支付服务需求。而移动支付会显示消费者在不同的零售商的支付金额、支付时间、使用的支付方式等。

3. 多元化综合业务，转型升级

移动支付促进了传统零售实体的转型升级。移动支付能为消费者创造更灵活、亲切的消费环境，实现钱包的电子化、移动化，极大地丰富用户支付方式的可选方案，为广大用户提供便捷和安全的支付体验。越来越多的消费者选择使用移动支付在商场、超市、便利店、餐饮店等线下实体场景进行小额高频的消费，提高了零售业的市场竞争潜力。

二、推动网络零售发展

1. 网络零售城镇化、跨境化发展

移动支付作为重要的基础设施也会在一定程度上促进网络零售。有相关研究显示：使用移动方式的家庭每增加一户，则家庭网络购物支出平均增加 2348 元，网购消费率增加超过 2.5 倍。同时，农村电商使用、跨境电子商务引入移动支付，使得网络零售覆盖人群更广。

2. 拓宽业务，稳定消费群体

网络零售平台同第三方移动支付机构合作，根据用户消费习惯、行为、信用等提供先用后付、货到付款的平台服务，也提供金融理财等第三方机构产品；既拓宽业务，又会推动有这类业务需求的消费群体在该平台消费。

3. 助推新型产业链诞生

网络零售作为大趋势，其产业链已经逐步形成，在生产、销售、物流、售后、推广等领域，已经日趋完善。在大数据和云计算的技术推动下，新型网络零售行业的发展需要全新的产业链模式。移动支付利用互联网、物联网等技术研究客户消费行为推动零售支付产业链建设，进一步推动实体零售进入物联网大数据时代。

三、助力新零售

1. 渠道销售

随着传统零售业的互联网转型升级，支付环节需要多种对接形态才能满足不同场景的需求，并实现支付、会员、促销、卡券、数据一体化管理。移动支付通过互联网有效、灵活地连接各种移动终端，满足支付功能多样性需求。移动支付打破原有相对固定的销售服务范围，并通过这种融合方式实现消费者流量的再分配，实现商品和消费行为数字化管理，实现线上和线下全渠道销售，在消费升级的需求下为消费者提供高效、便捷的支付体验。

2. 供应链物流

传统支付模式收集到的数据规模有限，需要大量时间和人力进行整理分析。移动支付的全量数据资产为同企业不同门店提高优化配送路径和频率数据提供支撑，减少配送车辆等待时间，降低配送运输成本。同时，可以让零售商把握商品价格优势和采购优势，匹配合理的销售商品结构，同时联合供应链打造战略商品。

3. 客户价值

移动支付助推新销售与客户之间形成关联，可以有效向消费者传递促销信息。其消费记录也可成为个人金融分析数据，零售企业也可以同第三方金融机构结合，扩大新零售企业业务板块。同时，消费记录也记录了客户生命周期，消费金额也便于区分等级权益，生成标签画像，制定不同运营营销策略。

4. 差异营销

通过对用户移动支付记录的分析，自动识别长期稳定客户，与其他行业合作开展差异营销，有效充分整合资源，实现资源最大化，打破固有格局，增强市场竞争力。对于

特惠补贴、团购秒杀等营销形态，移动支付分离出对应不同主体的完善对账清算体系，以增强用户黏性。

拓展阅读

《走进移动支付：开启物质网时代的商务之门》——中国电信移动支付研究组编著

思考题

1. 谈一谈未来移动支付的发展方向。
2. 谈一谈数字货币对我国未来发展的影响。

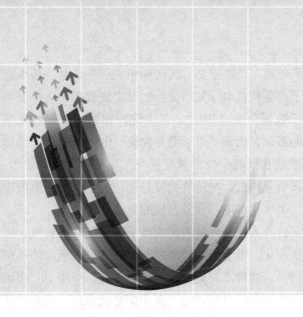

电商物流

学习目标和要求

本章主要阐述电子商务和电商物流的概念、作用和发展状况，以及电商物流和传统物流的区别及其表现的新特征，电子商务和物流的流程和环节、技术支撑和运行机制的主要内容。通过本章学习，学生应达到以下目标和要求：

(1) 认识并掌握电商物流的内涵、概念、作用，了解电商物流的发展状况。

(2) 认识并掌握电商物流的特点。

(3) 认识并掌握电商物流的环节和主要技术内容。

本章主要概念

电子商务　电商物流　自建物流　第三方物流　电子数据交换技术

第一节　电商物流概述

一、电商物流的概念

电子商务是指交易当事人或参与人在互联网、企业内部网（Intranet）和增值网

（value added network，VAN）上以电子交易方式进行交易活动和相关服务活动，传统商业活动各环节的电子化、网络化。电子商务包括电子货币交换、供应链管理、电子交易市场、网络营销、在线事务处理、电子数据交换（EDI）、存货管理和自动数据收集系统。伴随着电子商务技术和社会发展的需求，出现了电子商务物流。电子商务物流是指在互联网技术的基础上，旨在推动物流信息及时、物流速度提升、物流业务发展扩大、物流管理科学等推动物流行业发展的新商业模式。与传统物流相比，电子商务物流展现出信息化、自动化、网络化、智能化、柔性化等电子商务时代的新特点。

电子商务物流目前尚无统一的定义，有人将其理解为使为电子商务配套的物流，也有人理解为电子商务物流企业的电子商务化。电子商务物流是基于传统物流概念的基础上，结合电子商务中信息流、商流、资金流的特点而提出的，是电子商务环境下，物流的新的表现方式。因此，电子商务物流的概念可以表述为"基于信息流商流、资金流网络化的物资或服务的配送活动，包括软体商品（或服务）的网络传送和实体商品（或服务）的物理传送"。电子商务物流是伴随电子商务技术和社会需求的发展而出现的，它是电子商务真正的经济价值实现不可或缺的重要组成部分。

电子商务物流是一整套的电子物流解决方案，就是俗话说的 ERP 系统。在线上进行物流显示及相关操作，物流还是需要机器和人搬运的。电子商务物流还要从传统物流做起。国内外的各种物流配送虽然大都跨越了简单送货上门的阶段，但在层次上仍是传统意义上的物流配送，因此在经营中存在着传统物流配送无法克服的种种弊端和问题，尚不具备或基本不具备信息化、现代化、社会化的新型物流配送的特征。

二、我国电子商务物流的发展现状

（一）发展状况

我国电子商务的发展尤其是网络购物的爆发式增长，大大促进了电子商务物流服务业尤其是快递服务业的发展，使其成为社会商品流通的重要渠道。据统计，与淘宝网合作密切的圆通、申通等快递企业，其六成以上的业务量都来自网络购物。

1. 电子商务物流服务业受到了国家和地方政府的重视

"十四五"期间，国家和政府出台了一系列法律法规和政策。2022 年 12 月 15 日，国务院正式发布我国首个五年物流规划《"十四五"现代物流发展规划》，再次明确物流业的先导性、基础性、战略性产业地位。上海市政府办公厅印发《上海市服务业发展"十四五"规划》。2018 年 8 月 31 日，第十三届全国人民代表大会常务委员会第五次会议通过了《中华人民共和国电子商务法》，对电商物流提出了明确的服务规范和要求。这些法律法规和政策对于规范我国电子商务物流市场、推动我国电子商务物流行业健康发展具有十分重要的意义。

2. 我国快递物流业的迅速发展为电子商务物流服务业提供了重要保障

"十三五"期间，我国邮政全行业业务总量从 2016 年的 7397.2 亿元增长到 2020 年的 21 053.2 亿元，年均增速达 29.9%，业务收入从 2016 年的 5379.2 亿元增长到 2020 年的 11 037.8 亿元，年均增长率达 19.7%。全行业保持了较高的增长率。2022 年，我国网络零售市场总体稳步增长，全国实物商品网上零售额为 11.96 万亿元，同比增长

6.2%，占社会消费品零售总额的比重为 27.2%，比上年提高 2.7 个百分点。网上零售额达 13.79 万亿元，同比增长 4%。2022 年快递业务量累计为 1105.8 亿件，同比增长 2.1%，连续位居世界第一。

3. 网络购物快递市场呈现爆发式发展

近年来，中国电子商务飞速发展。2021 年中国电子商务交易额达 42.3 万亿元，较 2020 年增加了 5.10 万亿元，同比增长 13.71%。2022 年一季度中国电子商务交易额已完成 9.6 万亿元，继续引领全球电子商务市场，还拥有全球最多的数字买家。中国将成为历史上第一个将一半以上的零售额进行在线交易的国家。

电子商务市场的繁荣，促使中国电子商务物流市场规模不断扩大。2022 年，中国电子商务物流行业营收规模达 8506.2 亿元，较 2019 年增加了 1000 亿元，同比增长了 17.92%。

4. 我国电子商务物流服务业并购整合逐渐成熟

快递快运领域涵盖快递/包裹、零担物流、整车物流等细分行业。受环球经济复苏的不确定性叠加新冠疫情反复等因素影响，在快递/包裹竞争格局渐趋稳定后，投资并购主要发生在剩余两个行业。

2022 年，快递快运领域发生 6 宗并购交易，涉及金额为 101 亿元，较 2021 年分别显著下降 57% 及 81%，剔除 2021 年顺丰控股和极兔快递的两笔巨型交易，则分别下降 50% 及 54%。2022 年剩余 5 宗并购交易中，有 4 宗来自金融投资者，融资轮次集中在 B 轮或 C 轮，融资企业包括聚盟共建、鸭嘴兽等领先企业。凭借良好的业务规模，领先企业在逆境中赢得了投资机构的认可，获得了新资金，以在特殊时期抢占市场份额。

投资并购以产业投资者主导产业链整合为主，从快递物流向上下游延申拓展。跨界控股收购其他细分领域头部企业，以形成一体化的综合物流服务企业。以多种入股方式进入领先物流设备或信息系统等行业，如新能源运输设备、智能分拣设备、下一代包装设备等领域，提升服务的技术竞争力。

5. 电子商务企业纷纷自建物流

我国物流业服务水平低，物流成本高，种种问题制约着电子商务的高速发展，尤其是季节性的快递企业"爆仓"问题以及频繁涨价等问题，使得大多数具有先行优势的电子商务企业在物流相关领域进行了巨大的投入。电子商务的快速发展很大程度上使得企业获取信息的成本较低，作为发展瓶颈的物流便成为企业亟待解决的问题。企业之间的竞争已经演变为物流与物流、供应链与供应链之间的竞争。自建物流可以给顾客提供更好的个性化服务，但是物流的建设需要前期的大量投入和长期运作，其作用和利润才会显现，这必然会耗费企业大量精力。

6. 快递物流企业搭建电子商务平台

一方面，随着油价、人力成本的持续攀高，大多数快递物流公司的利润持续下降；另一方面，受到行业的竞争压力和对电子商务市场前景的看好，为了争取供应链的控制权，众多快递物流企业已经开始大规模搭建电子商务平台。快递物流企业往往积累了大量的客户资料，同时可通过自身配送网络的优势搭建电子商务平台为下游提供优质高效的物流服务。但是，传统的快递物流企业在商品的采购和供应链上游的资源上有其自身的缺点，同时在电子商务平台的推广、营销和运作上也缺乏经验。

7. 电子商务物流瓶颈越来越凸显

新冠疫情席卷全球，给以物流为核心环节之一的电子商务带来巨大影响。近几年来，国内电商物流发展迅速，越来越多的人开始离不开电子商务，但电子商务物流在发展过程中也暴露出许多问题。目前来看，电子商务物流呈现十大痛点：一是又贵又难以承受；二是物流的及时性较差；三是仓库爆了，无法上架；四是运力不足，货发不出去；五是零件丢失率高，安全性低；六是货物被拒收，账单被退回；七是物流信息无法追踪；八是尾部输送的稳定性差；九是合适的物流服务商难寻；十是遇到不良货物代理。这些问题严重制约了电商产业的发展。

（二）解决问题的措施

1. 进一步推动电子商务与物流配送整合集成

电子商务是利用互联网建立的一种新的消费、服务和贸易发展方式，代表着我国未来的经济发展趋势。因此物流配送应加强自身专业化、机械化和信息化系统的建设，以满足电子商务快速发展的需要和消费者个性化的准确及时的配送需求，利用互联网信息平台，建立覆盖全国的信息网络系统和配送系统，使配送企业在配送过程中能运用先进的电子信息技术和科学的管理手段，促进电子商务与物流集货、配货、发货等配送环节的有效衔接，提高物流配送企业的经济效益。

2. 进一步提升电商物流效率降低配送价格

要实现物流配送低成本的目标，需要电子商务公司与物流配送企业双方齐心协力。一方面，在我国目前无论是企业对企业还是企业对消费者，都不能只考虑眼前利益，只重视网站的点击率和订单的数量，还应考虑配送成本，尽量提高在线实际的交易量即真实产生的配送货物量，并尽量形成一定规模的运货量，进而降低配送成本，提供高效优质的配送服务。另一方面，物流配送公司还应加快信息技术与物流配送环节的整合，加大基础设施的建设力度，强化与电子商务企业的合作，创建多元化的配送渠道，提高企业的投资能力和多元化服务能力，从而降低配送成本和价格。

3. 加大培养电子商务物流管理人才力度

要解决我国电子商务物流配送人才紧缺问题，首先，政府和教育部门应引起重视，建立符合我国经济发展的电子商务物流配送理论体系，学习和引进发达国家的先进思想和技术，再充分利用各大高校和培训机构丰富的教学资源，设置与开展与现代电子商务物流配送相关的课程，为电子商务物流配送企业注入新动力，并提供智力支持。其次，学校和企业要建立长期合作并统一在人才培养上的认识，学校教育应从注重学习能力转变为注重企业的实践动手操作能力，使学生在课堂上就能接触电子商务物流配送企业的真实案例，提高学生的实际动手能力，实现学校与企业的良好沟通与对接。这为学生提供了施展才华的舞台，也为我国电子商务物流配送与国际物流接轨创造了条件。最后，企业应在内部建立培训机制，提高电子商务物流配送人员的专业素质，进而提高企业整体的竞争力。

4. 探索建立电商联合物流体系

由于单个物流公司的实力有限，难以应对激烈的市场竞争，因此物流公司需要深化改革并建立联合物流。几家物流公司联合起来，把分散的优势和力量集中化，在不同的领域各尽其职，共享信息资源，扬长避短、优势互补，减少了投资风险，提高了的抗打击能力，增强了市场竞争力，同时也将物流配送企业的集约化、一体化推向一个新的发展阶段。

5. 进一步完善电子商务物流配送有关法律法规

电子商务物流配送的健康发展需要法律制度的约束与引导，但我国到目前为止都没有出台一套比较完整的法律制度，因此在电子商务物流配送的发展过程中必然会出现各种问题。作者认为，要解决这些问题，政府应积极采取措施，建立与电子商务物流配送相关的法律法规，引导电子商务物流配送健康有序地发展。此外，还应针对物流市场需求的变化及时完善物流相应的法律制度，为建设电子商务物流配送系统工程提供法律保障，促进物流产业规范化发展。

三、我国电商物流的主要模式

我国的电商物流配送是一种建立在社会化运作基础上的，体现信息化、现代化优势的物流配送新模式。它主要是由物流配送企业通过电商企业与网络平台的合作，来实现商品交易基于现代物流服务的流通。它采用目前世界上先进的现代化管理理念和管理流程，运用互联网云平台、云计算等信息技术来实现电商产品流通机制的物流运行。在我国当前的物流配送体系中，自建物流、物流联盟以及第三方物流是目前最为成熟的，并且它已经发展普及到了国内生产经营的各领域。

自建物流：简单来说就是企业自身经营的物流。在电商刚起步的时候，一部分企业的电商规模并不是很大，所以企业会选择自建物流的方式。自建物流模式就是企业凭借自己在某一领域独特的优势以及自身发展的经验，自己建立独立的物流中心形成独立的商品配送物流体系，从而使物品在本系统内实现自由流通，畅通运输，以满足本企业各部门的物品供应。目前我国采取自营模式的企业主要有两类，一类是资金实力雄厚且业务规模较大的电子商务公司，第二类就是大型的制造企业。自建物流模式的优点是企业对物流环节有较强的控制能力，缺点是投入的成本比较大，需要工作人员具有专业化的物流管理能力。

第三方物流：由独立于买家和卖家之外的专业化物流公司，通过长期合作的形式来承接委托的物流服务，电商企业和客户之间的各项服务都由其提供，全方位地为企业解决物流问题，使企业的产品快速向市场移动，从而降低物流成本，提高经济效益。第三方物流不参与商品的买卖，为顾客提供个性化的物流代理服务。它也是电商的主要物流模式，更方便快捷高速。和自建物流模式相比较，其服务项目更加多元，功能更加齐全，而且更加专业。

物流联盟：企业基于相互协议建立的物流合作联盟。比如在制造业和销售业，参加联盟的企业谋取共同的利益，同时企业间也保持各自的独立性。物流联盟在企业间形成了相互信任、共担风险、共享收益的物流伙伴关系。在选择联盟企业的时候，要注意物流服务提供商的种类及其企业的产品经营策略。这是介于自建物流和第三方配送之间的一种物流合作形式，它有时也被称为共同配送，它更多地体现出电商企业之间的互惠合作。

四、电商物流的作用

（一）促进经济增长

1. 电商物流带动消费升级，促进经济增长

除了生活必需品的固定需求之外，文化娱乐消费的需求逐步增长，而电商物流的发展极大地满足了人们的诉求，直接带来娱乐消费的迅速增长。以京东平台为例，2020年除夕至正月初六期间，健身娱乐品类成交额同比增加170%，其中家用跑步机成交额更是同比增长超200%，2020年成交额同比增加近6倍。电商物流的发展在满足人们的基本生活需求的同时，进一步促进了娱乐消费的升级，促进了经济增长。

2. 电商物流促进产业融合升级

以淘宝、拼多多等电商平台为代表的B2C，是我国最早产生的电商物流平台的基础；以盒马鲜生、叮咚买菜等为代表的新型零售电商物流平台，重视大数据渗透消费场景，力推线上电商物流平台线下实体贸易融合发展；以美团外送、饿了么、滴滴打车为代表的O2O，强调同城及时的服务、注重服务的效率；以叮咚买菜为代表的同城即时配送业务，则是以传统的B2C模式为基础，积极向更高层次的商品服务领域延伸的一种大胆尝试。互联网的深化普及，倒逼线下实体企业对物流配送模式进行优化，加速商品配送方式的再升级，促进了行业结构的优化升级，完善企业市场战略布局，极大地推进了电商物流行业新业态的发展。

（二）促进农村经济发展

1. 带动农村经济

物流是农村电商上行下传中相当重要的环节，决定着农产品的流通效率。优质通畅的物流服务也意味着产品能以更快、更完好的方式送达客户，大大节省了农产品流通的时间，降低耗损的同时也为农户节省了成本，并拓展了农产品的销路和渠道，提高了特色农产品的知名度，实现了农产品"产得出、运得走、不积压"。农民能够依托电商渠道来实现收入增长，越来越多的外出务工人员看到农村电商的发展前景，陆续返乡创业、就业。发展农村电商物流让更多的农民搭上电商的快车，有助于带动农村经济活力，农村将迎来更广阔的发展新空间。

2. 优化农村产业结构，为农村经济增值

农村电商物流的发展在一定程度上缓解了传统流通模式存在的产供销环节的突出问题，而且在供给方面加快了农村产业结构优化调整。农村电商通过充分挖掘自身的资源优势，提高农产品市场竞争力，积极打造特色产业，结合运用新型技术，推动农村产业结构进一步优化和完善。农村一、二、三产业融合发展，物流与其他环节紧密联系，也会反哺农村电商物流建设，助力农村经济进一步增长。

3. 创造更多创业就业机会

随着电商大军在农村的日益壮大，农村电商物流为农民开辟了更多就业通道，并创造了不少与其有关的创业就业机会。这不仅可以大大增加农民的经济收入，而且在引领农村贫困劳动力就业脱贫方面发挥了重要作用。发展农村电商物流也可以吸引人才回流，拓宽未来发展道路，改善农民生活水平，提高农民的生活质量。农村电商物流在促进经济增长的创业就业带动方面发挥了重要作用。

第二节　电商物流的特点

一、网络化

物流领域网络化的基础也是信息化,是电子商务下物流活动主要特征之一。这里的网络化有两层含义:一是物流配送系统的计算机通信网络,包括物流配送中心与供应商或制造商的联系要通过计算机网络,另外与下游顾客之间的联系也要通过计算机网络通信,比如物流配送中心向供应商提出订单这个过程,就可以使用计算机通信方式,借助于增值网(value-added network,VAN)上的电子订货系统(EOS)和电子数据交换(EDI)技术来自动实现,物流配送中心通过计算机网络收集下游客户的订货的过程也可以自动完成;二是组织的网络化,即所谓的企业内部网。比如,台湾地区的电脑业在20世纪90年代创造出了全球运筹式产销模式,这种模式的基本点是按照客户订单组织生产,生产采取分散形式,即将全世界的电脑资源都利用起来,采取外包的形式将一台电脑的所有零部件、元器件、芯片外包给世界各地的制造商去生产,然后通过全球的物流网络将这些零部件、元器件和芯片发往同一个物流配送中心进行组装,由该物流配送中心将组装的电脑迅速发给订户。这一过程需要有高效的物流网络支持,当然物流网络的基础是信息、电脑网络。

物流的网络化是物流信息化的必然,是电子商务下物流活动的主要特征之一。当今世界网络资源的可用性及网络技术的普及为物流的网络化提供了良好的外部环境,物流网络化不可阻挡。

二、自动化

自动化的基础是信息化,自动化的核心是机电一体化,自动化的外在表现是无人化,自动化的效果是省力化,另外还可以扩大物流作业能力、提高劳动生产率、减少物流作业的差错等。物流自动化的设施非常多,如条码/语音/射频自动识别系统、自动分拣系统、自动存取系统、自动导向车、货物自动跟踪系统等。这些设施在发达国家已普遍用于物流作业流程中,而在中国由于物流业起步晚,发展水平低,自动化技术的普及还需要相当长的时间。

三、信息化

电子商务时代,物流信息化是电子商务的必然要求。物流信息化表现为物流信息的商品化、物流信息收集的数据库化和代码化、物流信息处理的电子化和计算机化、物流信息传递的标准化和实时化、物流信息存储的数字化等。因此,条码技术(bar code)、数据库技术(database)、电子订货系统(electronic ordering system,EOS)、电子数据交换(electronic data interchange,EDI)、快速反应(quick response,QR)及有效的客户反应(effective customer response,ECR)、企业资源计划(enterprise resource planning,

ERP）等技术与观念在中国的物流中将会得到普遍的应用。信息化是一切的基础，没有物流的信息化，任何先进的技术设备都不可能应用于物流领域，信息技术及计算机技术在物流中的应用将会彻底改变世界物流的面貌。

四、智能化

物流智能化是物流自动化、信息化的一种高层次应用。在物流作业过程中，对于大量的物流信息，如何运筹、如何决策，需要运用多种知识来计划、组织、协调、控制、分析市场、预测物流各阶段环境，并提出方案和建议。例如库存水平的确定、运输路径的选择、运输车辆的运行轨迹和作业控制、自动分拣系统的运行、物流配送中心的经营和管理等问题都需要借助大量的知识和高新技术才能解决。只有利用诸如计算机技术、网络技术以及卫星定位技术等高新技术，才能更为有效地提高物流现代化水平和作业效率，更好地服务于生产、销售和流通领域，从而节约运输成本、加快货物和资金周转率。物流智能化已成为电子商务发展的一个新课题，是物流发展的一个新趋势。

五、柔性化

柔性化最初是在生产领域中为实现"以顾客为中心"理念而提出的。生产领域中的柔性化即根据消费者需求灵活调节生产工艺，这就要求有与之配套的柔性化的物流系统来适应生产、流通与消费的需求。20世纪90年代，国际生产领域纷纷推出弹性制造系统（flexible manufacturing system，FMS）、计算机集成制造系统（computer integrated manufacturing system，CIMS）、制造资源计划（manufacturing requirement planning，MRP）、企业资源计划（ERP）以及供应链管理的概念和技术，从而发展起来一种新型物流模式。这就要求物流配送中心根据消费需求多品种、小批量、多批次、短周期的特色，灵活组织和实施物流作业。

六、大量化

随着消费的时尚化、多样化、产品的多品种和系列化，一方面广大零售商要求小批量、多批次、实时频繁订货；另一方面生产和销售企业为了降低成本，要求发货量尽可能变大，常常采取最低限额订货制或利用价格杠杆鼓励一次性大批量订货。因此，大型超市、百货店从制造厂或批发商那里大批量集团购买，把向各零售商个别交货的商品由中间区域设置的配送中心集中起来，再分批送往各零售商，并按照顾客的订货量，采用减价供货制。

七、协作化

为了降低运输成本，提高运输效率，谋求集团购买的优惠价格，一些同地区、同业种的企业积极参加共同配送，谋求协作发展。这种情况在一些大城市较为突出，各种销售企业面向大型超市、百货商店的共同配送的例子不胜枚举。不少小规模的企业也共同出资建立共同配送中心，使订货、装卸、运输、储存、保管、配送、信息等物流功能向着协作化方向发展。

八、高效化

传统的销售过程是按照生产厂——一次批发商—二次批发商—零售商—最终消费者的渠道进行的，商品经由的各个阶段一般都有库存现象。现在，销售物流可以不经由中间阶段，直接把商品从生产厂配送至二次批发商或零售商，电子商务中的网上销售还可以直接配送至最终用户，从而减少了中间环节，缩短了销售路径，提高了商品流动速度，向着零库存方向发展，体现了物流作业的高效化。

第三节 电商物流的环节与流程

一、电子商务的主要环节

电子商务可以在多个环节实现，由此也可以将电子商务分为两个层次，较低层次的电子商务如电子商情、电子贸易、电子合同等；最完整的也是最高级的电子商务应该是利用互联网能够进行全部的贸易活动，即在网上将信息流、商流、资金流和部分的物流完整实现，也就是说从信息发出、寻找客户开始，到洽谈、订货、在线付（收）款、开具电子发票直至电子报关、电子纳税等，都通过互联网进行。要实现完整的电子商务还会涉及很多方面，除了买家、卖家外，还要有银行或金融机构、政府机构、认证机构、配送中心等机构的加入才行。由于参与电子商务中的各方没有进行线下磋商，因此网上银行、在线电子支付等条件和数据加密、电子签名等技术在电子商务中发挥着重要的作用。电子商务的主要环节如图7-1所示。

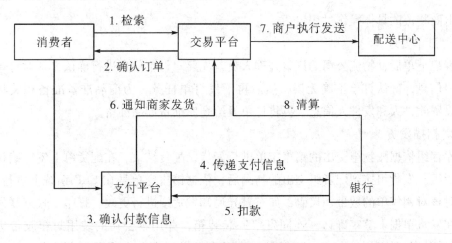

图 7-1　电子商务的主要环节

来源：百度百科。

二、电商物流的流程

电子商务的物流作业流程同普通商务一样，其目的都是将消费者购买的商品送到用户手中,其基本业务流程一般包括采购、运输、仓储、装卸搬运、流通加工、包装和配送等基本环节,电商物流的一般运行过程如图7-2所示。

电商物流系统的基本业务流程因电商企业性质不同而有所差异。如:制造型企业的电商系统,其主要业务过程可能起始于客户订单,中间可能包括与生产准备和生产过程相关的物流环节,同时包括从产品入库直至产品送达客户的全部物流过程;而对销售型的电商企业(如销售网站)而言,其物流过程就不包括生产过程物流的提供,但其商品组织与供应物流和销售物流的功能则极为完善;对于单纯的物流企业而言,由于它充当为电商企业(或系统)提供第三方物流服务的角色,因此它的功能和业务过程更接近传统意义上的物流或配送中心。

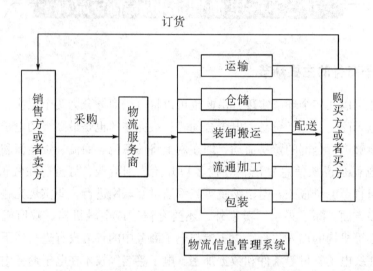

图7-2 电商物流的一般运行过程

电商物流的具体操作过程包括:

1. 订单处理

客户下单后,物流公司的订单处理人员首先要对订单信息进行确认,核对订单详情和客户信息,确认订单正确无误,然后再下发订单任务,为商品准备准备相关物流信息,设置收件人和发件人信息,再将订单发给仓库准备商品准备。

2. 扫描发货

库存组依据账物组交出的销售定单进行配货,配货结束,在配货单上签字确认后交给发货组。发货组接到配货组交出的物品后,依据销售定单号在 ERP 系统上进行扫描,扫描时核对销售单的数量、尺码,如有差异通知发货组进行更改。打印一式五联发货单据,在发货单据上签字确认,连同发票一起装箱,并用本公司的装用封箱胶带进行封箱。封箱打包时必须封为"王"字形。填写唛头(唛头上应填写客户姓名、地址及联系方式)贴于发货箱(或包装袋)上,并填写发货明细台账。之后交给账物组进行审核并由账物组通知物流公司,与物流公司人员进行交接,交接时应核对发货数量、发货地区。确认无误后将发货单的签字留底一联交由账物组。

3. 运输和仓储

在电商物流系统中,仓储和运输是同样重要的构成因素。仓储是在物品数量、质量

网络零售学教程

保证的前提下，对进入物流系统的货物进行堆存、管理、保管、保养、维护等一系列活动。仓储的作用主要表现在两个方面：一是完好地保证货物的使用价值和价值，二是为将货物配送给用户，在物流中心进行必要的加工活动以及进行保存。

4. 装卸搬运

装卸搬运是随运输和保管而产生的必要物流活动，是对运输、保管、包装、流通加工等物流活动进行衔接的中间环节，以及在保管等活动中为进行检验、维护、保养所进行的装卸活动，如货物的装上卸下、移送、拣选、分类等。

5. 包装

为使物流过程中的货物完好地运送到用户手中，并满足用户和服务对象的要求，需要对大多数商品进行不同方式、不同程度的包装。包装不仅涉及包装物或包装容器，还涉及包装过程绿色化。

6. 流通加工

流通加工是在物品从生产领域向消费领域流动的过程中，为了促进产品销售、维护产品质量和实现物流效率化，对物品进行加工处理，使物品发生物理或化学性变化的功能。

7. 配送

配送是物流中一种特殊的、综合的活动形式，是商流与物流的紧密结合。从物流来讲，配送几乎包括了所有的物流功能要素，是物流的一个缩影或在某小范围中物流全部活动的体现。配送是现代物流的一个最重要的特征。

8. 售后服务

客户需要的物品发货后应由专门的客服人员确认客户是否收到货品，并反馈客户所提出的疑问、建议、投诉及退换货信息，并将信息记录下来交给部门主管，如有退换货问题将退换货信息反馈给信息员，由信息员打印退换货单据交给库存配货组或是发货打包组，接收退货。

第四节　电商物流的运作机制和技术支撑

电商物流技术是指在电子商务物流活动中对商品（或物品）进行移送和储存，为社会提供无形服务的技术。它的作用是把通过电商方式提供的各种商品（或物品）从生产者转移给消费者。物流技术水平的高低直接关系到电商物流活动各项功能的完善和有效实现。

一、条码技术

条码技术的特点有：是实现各行业自动化管理的有力武器，有利于进货、销售、仓储管理一体化；是实现 EDI、节约资源的基础；是及时沟通产、供、销的纽带和桥梁；是提高市场竞争力的工具；可以节省消费者的购物时间，扩大商品销售额。

条码技术是在计算机的应用实践中产生和发展起来的一种自动识别技术。它是为实現对信息的自动扫描而设计的。它是实现快速、准确而可靠地采集数据的有效手段。条码技术的应用解决了数据录入和数据采集瓶颈问题，为供应链管理提供了有力的技术支持。

条码技术为我们提供了一种对物流中的物品进行标识和描述的方法，借助自动识别技术、POS 系统、EDI 等现代技术手段，企业可以随时了解有关产品在供应链上的位置，并即时做出反应。在欧美等发达国家兴起的 ECR（effective consumer response，有效的客户反应）、QR（quick response，快速反应）、自动连续补货（ACEP）等供应链管理策略，都离不开条码技术的应用。条码是实现 POS（销售时点信息管理系统）系统、EDI、电子商务、供应链管理的技术基础，是物流管理现代化、提高企业管理水平和竞争能力的重要技术手段。

条码技术具有输入速度快、信息量大、准确度高、成本低、可靠性强等优点，发展十分迅速。在短短几十年的时间里，它已广泛应用于交通运输业、商品贸易业、生产制造业、仓储业等生产及流通领域。它不仅在国际范围内为商品提供了一套完整的代码标识体系，而且为供应链管理的各个环节提供了一种通用的语言符号。

（一）条码在零售业中的应用

货物的条码是建立整个供应链的最基本条件，它是实现仓储自动化的第一步，也是 POS 快速准确收集销售数据的手段。以零售业为例，公司主机的条码数据和商品价格定期（每天）更新，下载至店面微机。店面微机具有两个功能：第一，它管理前台 POS，包括通过扫描器收集数据的 POS 终端；第二，管理后台 POS，包括分析销售数据、下电子订单、打印产品价格和条码标签。目前较先进的 POS 系统后台具有较强的功能，可以检验货物、进行存货控制、点数、管理账务与供应商。

借助条码 POS 系统可以实现商品从订购、送货、内部配送、销售、盘货等零售业循环的一元化管理，使商业的管理模式实现三个转变：①从传统的依靠经验管理转变为依靠精确的数字统计分析管理。②从事后管理（隔一段时间进行清算或盘点）转变为"实时"管理（在商店营业过程中可随时对销售、库存情况通过计算机进行查询）。③从"商品在类"（或部门）管理（某商品大类或部门的销售总账）转变为"单品"管理（对每一商品项目，如品种、规格、包装样式等细账的管理）。这样一来，销售商可随时掌握商品早晚销售情况，以调整进货计划、组织适销货源，从而减少脱销和滞销带来的损失，并可加速资金周转，有利于货架安排的合理化，提高销售额。

（二）条码在加工制造业和仓储配送业中的应用

加工制造的范围很广，我们仅以汽车制造业为例来说明。汽车制造是通过流水作业线来完成的。一辆汽车要由成千上万个零部件装配而成，根据汽车型号不同，所需要的零部件的品种和数量也不同。有的要空调，有的要后备箱，有的要机械换档变速箱，有的要液力变速箱，如此等等。为了能按订单生产，在先进的工业化国家，不同型号的汽车是要在同一生产线上装配的。为了避免差错，在零部件进入装配线前，要用扫描器识别零部件上的条码，确认它与所要装配的汽车匹配。在汽车装配完毕后还要识别整车上的条码。一方面，对生产完成情况做一个记录。另一方面，不同型号的车辆要通过不同的试验程序。试验机可以根据整车的条码信息来自动完成所需要的试验项目。

仓储配送是产品流通的重要环节。以美国的百货公司沃尔玛为例。沃尔玛在全美有25个规模很大的配送中心，一个配送中心要为100多家零售店服务，日处理量约为20多万个纸箱。每个配送中心分三个区域：收货区、拣货区、发货区。在收货区，一般用叉车卸货。先把货堆放到暂存区，工人用手持式扫描器分别识别运单上和货物上的条码，确认匹配无误才能进一步处理，有的要入库，有的则要直接送到发货区以节省时间和空间，这称作直通作业；在拣货区，计算机在夜班打印出隔天需要向零售店发运的纸箱的条码标签。白天，拣货员拿着一叠标签，打开一只只空箱，在空箱上贴上条码标签，然后用手持式扫描器识读。根据标签上的信息，计算机随即发出拣货指令。在货架的每个货位上都有指示灯，表示那里需要拣货以及拣货的数量。当拣货员完成该货位的拣货作业后，按一下"完成"按钮，计算机就可以更新其数据库；装满货品的纸箱经封箱后运到自动分拣机，在全方位扫描器识别纸箱上的条码后，计算机指令拨叉机构把纸箱拨入相应的装车线，以便集中装车运往指定的零售店。

在国内，条码在加工制造和仓储配送业中的应用也已有了良好的开端。红河烟厂就是一例。成箱的纸烟从生产线下来，汇总到一条运输线。在送往仓库之前，先要用扫描器识别其条码，登记完成生产的情况，纸箱随即进入仓库，运到自动分拣机。另一台扫描器识读纸箱上的条码。如果这种品牌的烟正要发运，则该纸箱被拨入相应的装车线。如果需要入库，则由第三台扫描器识别其品牌，然后拨入相应的自动码托盘机，码成整托盘后通达运输机系统入库储存。条码技术极大地提高了成品流通的效率，而且提高了库存管理的及时性和准确性。

（三）条码技术在我国的应用现状和发展前景

为了参与国际贸易与竞争，我国于1988年成立了中国物品编码中心，并于1991年加入了国际EAN（欧洲商品编码）组织，进而在全国各省市、地区设立了条码分支机构，负责介绍与推广条码技术。从此，我国的条码工作纳入正轨，并与国际惯例接轨。截止到1998年，我国的EAN系统成员数目已达4万个，采用商品条码标识的商品项目已超过50万种，采用商品条码技术进行商业自动化管理的各类连锁店、仓储超市、配送中心已达数千家，条码技术的应用推广呈现出良好的发展势头。

国家质量技术监督局在1998年12月1日起实施了《商品条码管理办法》。它是我国第一部关于商品条码工作的具有法律效力的规章，其办法中明确规定了各项条码实施的要求和细则，从而使中国的条码工作完成了从初步发展到成熟的过渡。随着我国条码法规建设的成熟化，商品条码已纳入了强制性国家产品质量标准。所以提高条码质量从而将条码技术逐步应用于供应链管理的全过程已成为各个企业发展的当务之急。

二、EDI

在商业贸易活动中，每个贸易伙伴每天都要与供应商、生产商、批发商、零售商以及其他商业组织进行通信、交换数据，每天都会产生大量的纸张文献，包括订购单、发票、产品目录和销售报告等。纸张文献是商业贸易中至关重要的信息流，信息流一旦中断，供应链将流通不畅，从而导致重大的经济损失。

EDI（electronic data interchange），即电子数据交换，是指按照同一规定的一套通用标准格式，将标准的经济信息，通过通信网络传输，在贸易伙伴的电子计算机系统之间进行数据交换和自动处理。由于使用 EDI 能有效地减少直到最终消除贸易过程中的纸面单证，因而 EDI 也被俗称为"无纸贸易"。以往世界每年花在制作文件的费用达 3000 亿美元，所以无纸化贸易被誉为一场结构性的商业革命。

构成 EDI 系统的三个要素是 EDI 软件和硬件、通信网络以及数据标准化。实现 EDI 需要相应的硬件和软件，EDI 软件将用户数据库系统中的信息翻译成 EDI 的标准格式，以供传输和交换。通信网络是实现传输和交换的必要条件。同时 EDI 需要标准的数据格式。

一个部门或企业若要实现 EDI，首先必须有一套计算机数据处理系统。其次，为使本企业内部数据比较容易转换为 EDI 标准格式，须采用 EDI 标准。另外，通信环境的优劣也是关系到 EDI 成败的重要因素之一。

（一）EDI 在供应链管理过程中的应用

EDI 是一种信息管理或处理的有效手段，它是对供应链上的信息流进行运作的有效方法。EDI 的目的是充分利用现有计算机及通信网络资源，提高贸易伙伴间通信的效益，降低成本。

国际物品编码协会（EAN）为了提高整个供应链的运作效率，已在 UN/EDIFACT 标准的基础上制定了流通领域 EDI 标准 EANCOM。EDI 报文是 EDI 传送的载体，它是对传统业务单证中数据的结构化和标准化。比如订购单报文是对传统业务中数据进行结构化和标准化。在供应链上涉及的 EDI 报文有参与方信息报文、价格销售目录报文、报价请求报文、报价报文、订购单应答报文、发货通知报文、收货通知报文、发票报文、汇款通知报文等。我们可以拿通常的商业交易为例，说明 EDI 在供应链上的运用。

例如，一个企业 A 要把它的基本信息传递给企业 B，它往往会把一个参与信息报文发往企业 B，以便企业 B 了解它。同样，企业 B 也可以如此操作。若企业 A 是供应商，B 是客户，则 A 可通过一产品或销售目录报文，将其产品的有关信息发往 B；若 B 对 A 的某种产品感兴趣，想了解 A 的产品价格与交货条款等相关信息，B 可以向 A 发出一个报价请求报文，A 以报价报文来回答 B；若 B 对 A 的产品的价格以及交货条款等内容能够接受，B 就可以向 A 发出一份订购单报文。A 可用订购单应答报文对 B 订购单报文进行答复；若答复是肯定的，A 便立即开始备货，备齐货后就可以向 B 发货。为了预先通知 B 货物已发出，A 可向 B 发出一份发货通知，B 可以向 A 发出一份收货通知报文，以说明自己对货物的收受情况；当 A 接到收货通知后可以向 B 发出发票报文，申明对货物的支付；B 收到发票报文经确认后，可发出一份汇款通知报文，以说明即将付款的通知，紧接着便是实际付款的发生。从这一例子可以看出 EDI 在整个交易过程中的应用情况。

（二）EDI 技术在我国的应用现状以及发展前景

使用 EDI 技术获益最大的是零售业、制造业和配送业。在这些行业中的供应链上应用 EDI 技术使传输发票、订单达到了很高的效率。零售业、制造业和运输业所采用的 EDI 应用主要是发票和订单处理，而这些业务代表了它们的核心业务活动：采购和销售。EDI 在密切贸易伙伴关系方面有潜在的优势。

目前，我国 EDI 的应用尚处于起步阶段，同国外相比还有很大差距。随着国内市场同国际接轨，我国逐渐成为国际市场的一部分。为了保持和增强我国在国际市场上的贸易竞争能力，促进我国供应链管理的不断发展，我们必须赶上世界电子信息产业发展的潮流，不失时机地大力发展 EDI 技术。

三、GPS

全球卫星定位系统 GPS 为英语 "global positioning system" 的简称。它是利用分布在约 2 万千米高空的多颗卫星对地面目标的状况进行精确测定以进行定位、导航的系统，它主要用于船舶和飞机导航、对地面目标的精确定时和精密定位、地面及空中交通管制、空间与地面灾害监测等。20 世纪 90 年代以来，全球卫星定位系统在物流领域得到越来越广泛的应用。

GPS 由空间部分和地面部分组成，空间部分由分布在 6 个等间隔轨道上的 24 颗卫星组成，卫星距地球 2 万多千米，这种分布可以保证在任何时刻全球的任何地区都被 4 颗卫星覆盖，GPS 的卫星星座可以全天候、连续地向无限多用户提供任何覆盖区域内目标的高精度的三维速度、位置和时间信息。GPS 的地面部分由 1 个主控站、5 个全球监控站和 3 个地面天线组成。

GPS 的用户必须配备 GPS 接收机才能使用 GPS 系统。GPS 接收机的主要功能是接收卫星发射的信号，以获得必要的导航定位信息，并据此进行导航和定位。

全球卫星定位系统在供应链管理中的应用如下：

（1）用于汽车自定位、跟踪调度、陆地救援。据丰田汽车公司的统计和预测，日本公司在利用全球卫星定位系统开发车载导航系统，日本车载导航系统的市场在 1995 年至 2000 年平均每年增长 35% 以上，全世界在车辆导航上的投资将平均每年增长 60.8%，因此、车辆导航将成为未来全球卫星定位系统应用的主要领域之一。我国已有数十家公司在开发和销售车载导航系统。中远、中外运等大型国际物流服务企业均建立了装载有卫星定位系统的车队。

（2）用于内河及远洋船队最佳航程和安全航线的测定、航向的实时调度、监测及水上救援。在我国，全球卫星定位系统最先使用于远洋运输的船舶导航。我国跨世纪的三峡工程也已规划利用全球卫星定位系统来改善航运条件、提高航运能力。

（3）用于空中交通管理、精密进场着陆、航路导航和监视。国际民航组织提出，在 21 世纪将用未来导航系统 FANS（future air navigation system）取代现行航行系统，它是一个以卫星技术为基础的航空通信、导航、监视（communication navigation surveillance，CNS）和空中交通管理（air traffic management，ATM）系统，它利用全球导航卫星系统（global navigation satellite system，GNSS）实现飞机航路、终端和进场导航。

（4）用于铁路运输管理。我国铁路开发的基于 GPS 的计算机管理信息系统，可以通过 GPS 和计算机网络实时收集全路列车、机车、车辆、集装箱及所运货物的动态信息，可实现列车、货物追踪管理。只要知道货车的车种、车型、车号，就可以立即从近 10 万公里的铁路网上流动着的几十万辆货车中找到该货车，还能得知这辆货车现在何处运行或停在何处，以及所有的车载货物发货信息。铁路部门运用这项技术可大大提高其路网及其运营的透明度，为货主提供更高质量的服务。

（5）用于军事物流。全球卫星定位系统首先是为军事目的而建立的，在军事物流中，如后勤装备的保障等方面，应用相当普遍。尤其是在美国，它在世界各地驻扎的大量军队无论是在战时还是在平时都对后勤补给提出了很高的需求，在战争中，如果不依赖 GPS，美军的后勤补给就会变得一团糟。

四、GIS

GIS（geographical information system，地理信息系统），是 20 世纪 60 年代开始迅速发展起来的地理学研究新成果，是多种学科交叉的产物。它以地理空间数据为基础，采用地理模型分析方法，适时地提供多种空间的和动态的地理信息，是一种为地理研究和地理决策服务的计算机技术系统。

GIS 的基本功能是将表格型数据（无论它来自数据库、电子表格文件还是直接在程序中输入）转换为地理图形显示，然后对显示结果浏览、操纵和分析。其显示范围可以从洲际地图到非常详细的街区地图，显示对象包括人口、销售情况、运输线路以及其他内容。

GIS 应用于物流分析，主要是指利用 GIS 强大的地理数据功能来完善物流分析技术。国外公司已经开发出利用 GIS 为物流分析提供专门分析的工具软件。

完整的 GIS 物流分析软件集成了车辆路线模型、最短路径模型、网络物流模型、分配集合模型和设施定位模型等。

（1）车辆路线模型。用于解决一个起始点、多个终点的货物运输中如何降低物流作业费用并保证服务质量的问题，包括决定使用多少辆车，每辆车的形式路线等。

（2）网络物流模型。用于解决寻求最有效的分配货物路径问题，也就是物流网点布局问题。如将货物从 N 个仓库运往到 M 个商店，每个商店都有固定的需求量，因此需要确定由哪个仓库提货送给某个商店付出的运输代价最小。

（3）分配集合模型。可以根据各个要素的相似点把同一层上的所有或部分要素分为几个组，用以解决确定服务范围和销售市场范围等问题。如某一公司要设立 N 个分销点，要求这些分销点要覆盖某一地区，而且要使每个分销点的顾客数目大致相等。

（4）设施定位模型。用于确定一个或多个设施的位置。在物流系统中，仓库和运输线共同组成了物流网络，仓库处于网络的节点上，节点决定着线路。根据供求的实际需要并结合经济效益等原则，在既定区域内设立多少个仓库，每个仓库的位置，每个仓库的规模，以及仓库之间的物流关系等，运用此模型均能很容易地得到解决。

我国将 GIS 应用于物流分析和物流研究中，迄今为止还处于起步阶段。

五、RF

射频技术（RF，radio frequency）的基本原理是电磁理论。射频系统的优点是不局限于视线，识别距离比光学系统远，射频识别卡可具有读写能力，可携带大量数据、难以伪造和有智能等。

RF 适用的领域有物料跟踪、运载工具和货架识别等要求非接触数据采集和交换的场合。由于 RF 标签具有可读写能力，对于需要频繁改变数据内容的场合尤为适用。

射频识别系统的传送距离由许多因素决定，如传送频率、天线设计等。对于应用 RF 识别的特定情况应考虑传送距离、工作频率、标签的数据容量、尺寸、重量、定位、响应速度及选择能力等。

近年来，便携式数据终端（PDT）的应用多了起来。PDT 可把那些采集到的有用数据存储起来或传送至一个管理信息系统，把它与适当的扫描器相连可有效地用于许多自动识别应用。便携式数据终端一般包括一个扫描器、一个体积小但功能很强并带有存储器的计算机、一个显示器和供人工输入的键盘。在只读存储器中装有常驻内存的操作系统，用于控制数据的采集和传送。

PDT 一般都是可编程的，允许编入一些应用软件。PDT 存储器中的数据可随时通过射频通信技术传送到主计算机。操作时先扫描位置标签，货架号码、产品数量就都输入到 PDT，再通过 RF 技术把这些数据传送到计算机管理系统，就可以得到客户产品清单、发票、发运标签、该地所存产品代码和数量等。

在波斯尼亚的联合作战行动中，美国和北大西洋公约组织（NATO）不但建成了战争史上投入战场最复杂的通信网，还完善了识别跟踪军用物资新型后勤系统，这是吸取了"沙漠风暴"军事行动中大量物资无法跟踪造成重复运输的教训，无论物资是在定购之中、运输途中，还是在某个仓库存储着，通过该系统，各级指挥人员都可以实时掌握所有的信息。该系统途中运输部分的功能就是靠贴在集装箱和装备上的射频识别标签实现的。RF 接收转发装置通常安装在运输线的一些检查点上（如门柱上、桥墩旁等），以及仓库、车站、码头、机场等关键地点。接收装置收到 RF 标签信息后，连同接收地的位置信息上船至通信卫星，再由卫星传送给运输调度中心，送入企图中信息数据库中。

我国 RF 的应用也已经开始，一些高速公路的收费站口，使用 RF 可以不停车收费，我国铁路系统使用 RF 纪录货车车厢编号的试点已运行了一段时间，一些物流公司也正在准备将 RF 用于物流管理。

 **延伸阅读**

京东商城的物流模式分析

京东快递于 2007 年开始建设自有物流体系，2009 年斥巨资成立物流公司，建立覆盖全国的物流配送体系。京东商城先后在北京、上海、广州、成都、武汉、沈阳建立六大物流中心，并在个别城市建立二级库房。2010 年建立的华东物流仓储中心承担着京东商城一半以上的物流配送任务，成为京东商城目前最大的仓储中心。随着物流市场的不断壮大，京东商城应运推出"211 限时达"的物流配送服务，使物流配送更加高效。

一、京东物流配送服务模式

京东快递的物流配送服务分为四种模式：

1. FBP 模式

FBP（合作伙伴履行服务）模式是一种全托管式的物流配送模式。商家与京东商城确定合作后，商家在京东商城上传店铺信息和标价并进行备货，京东商城在消费者产生订单后从仓库进行调货、打印发票，同时进行货物的配送，京东结束交易后与商家进行清算。京东商城根据消费者订单进行货物配送和开具发票，商家查看库存信息及时进行补货，从而在配送过程中减少货物运输的成本，减少物流配送成本。由于商家提前进行备货，京东商城能够第一时间进行货物配送，缩短配送时间，完成京东提出的"211 限时达"服务。

2. LBP 模式

LBP（logistics by POP，商家借助平台和配送服务实现配送，仓储由商家自行提供）模式是一种无须提前备货的配送模式。商家与京东商城确定合作后，商家无须备货，只须在 12 小时内对订单进行包装和发货，36 小时内到达京东配送中心，由京东进行货物的配送和发票的开具。京东商城与商家合作时，只提供配送和客服两项服务，减轻京东库存压力。运用 LBP 模式的优势在于，产生订单后，商家能够第一时间进行配货，发货相对方便。但是货物在配送时需经过京东仓库，所以运输速度有所下降，配送周期有所增加。同时，加大商家的配送运输成本，降低京东的配送效率。

3. SOPL 模式

SOPL（sales on POP logistics）模式与 LBP 配送体系相似，在配送过程中无须提前备货，可以直接从商家库房发货。商家与京东商城确定合作后，商家无须备货，只需在 12 小时内对订单进行包装和发货，36 小时内货物会到达京东配送中心，由京东进行货物的配送。与 LBP 模式不同的是，SOPL 模式的发票开具环节是由商家完成的，京东在整个物流过程中只发挥仅有的配送服务，其他的工作都由商家自己完成。SOPL 模式的运用，一定程度上减轻了京东仓储的压力，减少了物流配货过程中的配货成本。与 LBP 模式相同，订单的生成和发货从商家开始，会影响货物的发货速度和运输时间，降低配送效率，导致客户满意度下降。

4. SOP 模式

SOP（sales on POP）模式是一种直接由商家发货的物流配送模式，京东在物流过程中不起任何作用。商家与京东商城合作，京东商城只提供可操作的后台，物流配送的工作以及后期服务全部由商家自己完成。京东商城只要求商家在订单产生 12 小时内进行配货发送。SOP 模式的整个物流配送过程都由商家独自完成，大大降低了京东商城的物流配送压力，减少了配送支出和运输成本，减轻了京东的库存压力。SOP 模式的优势在于商家在已有成型的团队同时运营京东平台。

二、京东物流存在的问题

（1）模式单一、成本高。京东商城在建设物流中心时需要大量资金，造成投入成本过高的现象。而且京东自建物流只针对企业自身的物流配送服务——"配送中心—客户"。因此，在配送过程中产生大量跑空行为，造成物流资源的利用率仅维持在 50%~60%，远低于其他物流公司的 80%。

（2）物流配送压力大。京东商城在物流配送过程中奉行"211 限时达"的服务宗旨，凭借"低价正品"赢得客户好评。客户线上购买力度的加大，会导致京东物流在配送环节的脱节，加大配送压力。

（3）服务质量低。京东商城物流配送人员的工作素质不统一，导致在配送过程中无法做到服务质量的标准化，客户和配送人员之间产生冲突。还有部分配送人员在配送过程中损坏货物，丢失货物，盗取货物，导致客户满意度的降低。

（4）缺乏有效控制。由于京东商城采用"自建+第三方物流"的配送模式，是否有效控制第三方物流成为影响客户体验的主要因素。第三方物流配送不及时，货物配送质量低，快递拖延、丢失、错配，配送信息不同步等都严重影响京东商城的客户满意度。

四、京东物流的改进方法

（1）制定合理的物流发展规划。京东商城需要对其整体运营、物流运作做一个总体规划，并以此为蓝图开展业务，避免发生运营业务与物流的冲突。因此有必要对京东商城的中长期物流配送提前规划，站在战略的高度设计一个完整、科学的物流配送方案。

（2）提高配送效率和服务质量。京东商城需要加强对配送人员的素质培训，改善物流配送环节的服务质量，充分调动配送人员的工作热情，重视用户需求。

（3）专注于自建物流。京东商城在物流配送过程中会结合实际与第三方物流商合作，但是物流配送成效低。因此，京东商城应该专注于自建物流的推广和扩大，在配送过程中，充分利用自建物流，舍弃其余的物流配送模式。

（4）降低物流成本。京东自建物流在配送过程中可以学习其他物流派送方的配送方式，减少跑空现象的出现，从而降低物流成本，提升配送利润。

三、现代物流模式的发展趋势

首先，现代物流不单需要提供仓储与运输服务，还需要进行货物的装配、配送以及其余的物流项目。现代物流在配送时应根据客户的不同需求提供相应的服务，尽可能地形成多功能的现代物流服务模式。其次，现代物流模式在配送过程中强调多方合作。现代物流模式的发展离不开物流企业的联盟，在配送时应根据地域选择适合的配送方式，从而节约物流成本，共担风险，共享收益，创建合理的物流模式。最后，电商企业自建物流是未来发展的必由之路，现代物流模式的发展离不开自建物流的推动。

（文章来源：百度文库）

 思考题

1. 请简述电商物流的概念、作用。
2. 请简述电商物流的特点。
3. 电商物流和传统物流的区别是什么？
4. 思考农村电商物流发展的必要性。
5. 思考农村电商物流对农村经济的影响。
6. 思考疫情过后，电商物流的新趋势和特征。
7. 请谈谈电子商务和现代物流的关系。

课后作业

一、不定项选择

1. 电子商务物流的特点是（　　　）。
   A. 柔性化　　　　　　　　　　B. 智能化
   C. 自动化　　　　　　　　　　D. 以上都是

2. 电子商务物流模式是（　　　）。
   A. 自营物流　　　　　　　　　B. 第三方物流
   C. 第四方物流　　　　　　　　D. 物流联盟
   E. 物流一体化

3. 电子商务物流配送流程包括（　　　）。
   A. 查询　　　　　　　　　　　B. 销售
   C. 配货　　　　　　　　　　　D. 验货

4. 电子商务对物流的影响包括（　　　）。
   A. 电子商务改变传统物流观念
   B. 电子商务改变物流的运作方式
   C. 电子商务改变物流企业的经营
   D. 电子商务促进物流设施改善和物流水平提高

5. 电商物流是属于（　　　）。
   A. 有商流而无物流
   B. 有物流而无商流
   C. 有商流也有物流，但流转路径不同
   D. 商流、物流合一

6. 海尔的电商物流模式是（　　　）。
   A. 自营物流　　　　　　　　　B. 物流联盟
   C. 第三方物流　　　　　　　　D. 第四方物流
   E. 物流一体化

7. 菜鸟的电商物流模式是（　　　）。
   A. 自营物流　　　　　　　　　B. 物流联盟
   C. 第三方物流　　　　　　　　D. 第四方物流
   E. 物流一体化

8. 亚马逊的电商物流模式有（　　　）。
   A. 自营物流　　　　　　　　　B. 物流联盟
   C. 第三方物流　　　　　　　　D. 第四方物流
   E. 物流一体化

9. 电商物流包括（　　）。

    A. 自营物流   B. 外包物流

    C. 组织物流   D. 一般物流

10. 电商物流的主要模式有（　　）。

    A. 平台整合物流资源模式   B. 平台自建物流体

    C. 电商物流服务外包模式   D. 即时配送物流服务模式

二、简答题

1. 请简述电子商务物流的概念。

2. 请简述电子商务和物流是如何相互作用的。

3. 请简述电子商务的物流模式。

第八章

社区团购

学习目标和要求

本章主要阐述社区团购概念、发展历程、作用机制、先进性与局限性、与传统零售的对比、社区团购小程序技术开发、小程序运营以及小程序优化等主要内容。通过本章学习，学生应达到以下目标和要求：

(1) 认识社区团购小程序的技术原理及优化。

(2) 认识并掌握社区团购的作用机制及先进性与局限性。

(3) 认识并掌握社区团购与传统零售的区别。

本章主要概念

社区团购　传统零售　前端开发技术　后端开发技术　数据库技术

第一节　社区团购概述

一、概念与特点

随着互联网的发展，社区团购作为一种新型的线上线下电子商务模式逐渐发展壮大。社区团购是由团购演变而来，以社区团长（一般是社区居民或周围店铺的店长）

为分发节点，以微信群聊、微信小程序或 App 等移动平台为媒介。它是"线上销售+线下自提"，最终从线下提货点（"团长"处）完成交易的一种 O2O 商业模式，能以较低的价格满足消费者的需求，并降低物流成本，其更为高效准确的信息反馈以及线上线下联动的特点，在满足社区团购服务规模效应的同时，也能够更好地满足消费者的个性化购物需求，使区域化、小众化的购物特色得以彰显。在 2020 年新冠疫情爆发以后，社区团购显现出勃勃生机。

社区团购兼具零售属性与社交属性。通过团长这一稳定的社区关键角色，可以有效地增强社区内固定用户与电商平台的黏性，消费者在提货过程中出现问题可第一时间与团长沟通，提高了售后处理效率和满意度，且在空间上更为贴近人们的生活场景，在时间上更加自由灵活。

社区团购作为新型商业模式具有如下特点：①"预售（去库存）+自提（降低履约成本 & 线下引流）+次日达（集采降本）"；②半熟人社交，团长为关系纽带；③以销定采、落地集配；④以家庭快消品的销售为主；⑤高性价比，履约时效性强。社区团购主要是基于社区居民和团长资源进行商品流通，其本质是利用互联网流量和运营玩法开辟创新渠道下的新零售。

二、发展历程及发展现状

2015 年 12 月，习近平总书记在第二届世界互联网大会上发表主旨演讲，指出中国将推进"数字中国"建设，发展分享经济，支持基于互联网的各类创新，为社区团购的蓄力发展提供了符合时代的政策优势，社区团购在众行业探索发展中脱颖而出，成为数字经济发展背景下的一匹黑马。同时，移动支付的出现以及拼团微商等模式的普及，为社区团购的发展提供了支付基础。但是社区团购围于 QQ 和微信群展示的局限性，产品品类受限，2016 年社区团购模式初步形成，但是局限因素过多。随着社区团购商品种类和模式的增加，2017 年社区团购逐步进入发展阶段。2018 年之后，社区团购的发展进入了爆发阶段，社区团购的模式得到市场收益的回馈，也因此快速发展。其发展历程如图 8-1 所示。

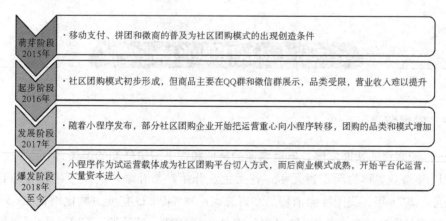

图 8-1 社区团购发展历程

数据来源：根据华经产业研究院数据整理

社区团购处于爆发阶段时，随着阿里、拼多多、美团等互联网巨头的入局，社区团购保持着高速增长，强有力地刺激了经济增长。数据显示，2021年我国社区团购仍然保持60%以上的增速，规模达1205.1亿元。此外，社区团购行业价格倾销所引起的恶劣竞争加速了政策监管的规范性。虽然全球经济下行，但随着我国经济的日趋开放和发展，人均消费额将持续保持上升态势，我国社区团购仍有较大的扩张空间。

三、作用机制

从社区团购的本质上来看，社区团购的运营模式其实是对销售渠道的创新，它是在移动互联网基础设施（微信群聊、小程序及App）支撑下，由传统团购电商向生鲜品类拓展而成的一种购物方式。该模式主要有三个角色构成：团购平台、团长、居民用户。团购平台方承担提供商品、仓储配送及售后服务的业务；团长则负责社群管理、商品信息投放、集合订单和最终的货品派送；社区居民以低价参与拼团下单，并在自提点自行取件。图8-2所示为社区团购的作用机制。团长是连接平台方和社区消费者的中间纽带，具有不可小觑的作用。团长承担着"推销员+理货员+送货员+售后服务员"等多重角色，而团长的运营能力将直接影响消费者的购物体验。

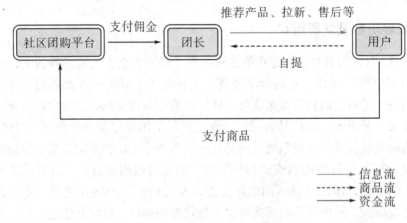

图8-2　社区团购的作用机制

第二节　社区团购的行业发展

一、发展背景

（一）新零售的快速发展，电商增速的降低和线上流量红利的消失

2017年被业界称为新零售元年，各大企业开始参与互联网与线下销售相结合的新零售业务。2021年，我国社会消费品零售总额达到440 823亿元，同比增长12.5%，我国社会消费品零售总额自2015年以来一直处于持续稳上升阶段。随着我国零售市场的进一步发展，新零售行业的竞争也逐渐加剧，社区团购作为一种全新的以数据和技术为驱动的新零售经济模式，被认为较好地解决了商家与社区用户之间"最后一公里"的问题，带来了新的增长点，因此逐步获得资本的青睐。

（二）移动互联网的充分普及和应用技术的成熟

（1）社区团购诞生于微信商业生态圈。相关数据显示，2021 年全网小程序数量已超 700 万，越来越多的用户开始通过微信群以及小程序进行社交活动，这为社区团购平台的上线奠定了良好的基础。

（2）随着用户对微信朋友圈、微信群聊、小程序等各种社交业务参与度的上升，社区团购平台获得了进一步的发展，同时也为社区团购平台"团长"招募提供了进一步的帮助。

（3）相关支付技术、智能程序和应用科技也得到快速发展。微信群、移动支付、小程序等交易技术成熟之后，社区拼团的技术条件准备完成。

（三）消费者购物方式的转变

（1）网络超市的出现和普及推动了大量消费者开始习惯在电商平台选择购买日常生活用品。

（2）疫情带来的生活方式的改变，为这一新零售形态的爆发性增长提供了良好的机会。

（3）由于经济活动承压，消费者收入受到影响，社区团购渠道因其性价比优势更受到消费者青睐。数据显示，2021 年我国社区团购仍保持 60% 以上的增速，规模达 1205.1 亿元。社区团购人均消费额从 2018 年的 25.37 元增长至 2021 年 186.55 元，2021 年社区团购渠道用户规模达到 6.5 亿人，同比 2020 年增长 37%。

（四）政策的规范

近几年国家基础设施越来越完善，国家政策也开始助力相关行业发展。

2019 年，据不完全统计，政府层面出台的与农业农产品、冷链物流的相关政策多达 40 多项，政策推动农产业链优化，生鲜行业基础设施得到改善。

2020 年 9 月 21 日，国务院办公厅发布《关于以新业态新模式引领新型消费加快发展的意见》，提出推动线上线下融合消费双向提速，加快推广农产品"生鲜电子商务+冷链宅配"等服务新模式。

由于互联网巨头不计成本的不良竞争，2020 年 12 月，政治局会议和中央经济工作会议连续强调"强化反垄断和防止资本无序扩张"，12 月 22 日市场监管总局联合商务部召开规范社区团购秩序行政指导会，提出了"九个不得"。

从这些政策和会议可以看出，国家鼓励互联网公司入局生鲜电商，促进社会消费，但禁止各家恶意竞争搞垄断，破坏市场秩序。

二、先进性与局限性

（一）先进性

1. 配送成本低

与传统电商平台团购相比，社区团购在物流配送方面较为集中，可以实现社区内的统一产品配送，达成落地配。同时，社区团购避开了传统团购的短板，及时集中配送到一个地区，时间短，成本低，物流配送效率高。

2. 引流成本低

社区团购平台主要以团长或者社区实体超市为依托，客户大部分为社区内或附近居民，较易通过微信群快速集中客户，从而进行集体消费和配送。社区团购团长微信群具备流量红利，甚至可以在得到客户的认可下进行大规模的扩张，从而形成客户引流。在此过程中，吸引客户的成本中除去少量线下推广活动进行资金的投入之外，几乎为零。

3. 运营成本低

线下实体店在运营过程中需要高租金、高人力成本和高维护成本来保持实体店的经营；对比而言，社区团购省去了高成本经营费用，同时避免了传统电商需要大量资金购买展示位的投入。社区团购所采取的"极致单品+预售"模式使得运作更便利，仅需要建立微信群、QQ群，便可以完成高效率的订单操作，简单且便捷的模式能够进行大范围的传播和推广，群聊订单可以快速收回预售款，资金流转速度快。

4. 库存损耗低

因为采取优良的预售模式，社区团购平台几乎没有库存压货问题，通过直接将预订商品送到团长（宝妈）家中或者社区店内（便利店主），既节省了库存资金，也降低了生鲜类产品的高损耗所带来的低毛利风险。

5. 复购率高

社区团购销售的产品多以家庭高频消费产品为主，属于刚性需求；因而通过前期高性价比产品的筹划销售以及客户群体的快速扩张，一旦建立起满足于客户的良好的口碑，精准追踪了社区成员的购物需求，带来的就是社区群中成员长期且重复率高的购买行为，客户群稳定性强，维持老客户的成本极低。产品销售形成规模，分享邀请实现裂变传播且起量快，利润即得到有力支撑和保障。

6. 消费体验优

社区团购主要的受众群体为微信群内的社区居民，居民集中消费有利于打破产品质量堪忧的负面状况，因此，在社区团购中销售的产品可以得到有效监督，推动生产商与客户的信任体系的建立。一旦出现集中消费质量的集中投诉，就会造成信任体系的崩塌，所以，熟人消费、熟人社交所带动的以信任链为纽带的消费，可以推动社区平台、社区消费者和产品生产企业三方共赢。对社区团购平台而言，熟人集中消费有利于促使其投入更多的资金成本去选择有品质的商品，致力于打造高性价比的产品销售供应链。对于社区团购成员而言，可以在微信平台上快速便捷购买日常生活中的刚需物品，而且在线沟通很好地为客户解决了产品售后服务相关问题。对于产品生产企业而言，微信群聊的客户反馈有助于为企业进一步完善自己的生产提供有效信息决策，提升企业品牌知名度以及企业信誉度，企业与客户的市场距离拉近有助于打造符合客户需求的优质产品，建立良好的生产—消费关系。

7. 数据获取及应用高效

随着大数据的普及发展，社区团购与微信、QQ等平台渠道的合作发展可以高效地获取消费者的消费选择信息以及需求倾向，并以此为依据对消费者行为偏好和心理进行全面细致的分析，努力掌握消费者的消费习惯，大胆预测消费者的后期消费行为，做到精准生产，精准影响，提升产品生产的正确率。

（二）局限性

1. 供应链压力

目前的社区团购大部分都采取用生鲜引流的方式，而这种方式要想实现稳定的供给，对供应链的要求极高。一方面，生鲜的保鲜期很短，要实现"快"得天下，就必须有即时的产品供应；另一方面，生鲜供应链很分散，即便是专攻生鲜市场的企业，也多在某几个细分品类上下功夫，要满足社区团购的品类需求，就要求供应链做到高度标准化，同时充分整合区域市场。

2. 即时需求压力

社区团购主要采取"当天下单，隔天送达"的模式，当消费者在某个时点急需某种产品时，无法在第一时间内得到满足，消费者下单和收到产品之间存在时间差。

3. 品类压力

社区团购主打日常生活产品以及一些水果类产品，短期内可以满足社区顾客的消费需求以及新鲜感，但是长期消费中会使得消费者失去体验感。同时，单一化、固定化的销售无法完成新的引流，顾客总是期待多元新鲜且丰富的消费体验。但商品种类的丰富又会增加商家的生产采购成本以及商品运输以及损耗成本，最终导致社区团购率的下降。

4. 经营管理压力

社区团长在团购中发挥着核心指导作用。一方面，社区团购销售模式的开展需要团长维护消费秩序，但是过于依赖团长易衍生出"团长单干"或者"夹带私货"的顾虑。此外，团长的能力以及对待工作的积极性很大程度上影响着社区团购经营效果。如果团长无法带动社区团购消费的活跃度，那社区团购可能会进入停滞状态。因此，社区团购还需要采取适当的方法激发团长的工作积极性。另一方面，社区平台在城市的拓展受益于团购模式的便捷以及快速占领市场的能力，该过程中对平台能力管理人员的跨地区管理能力要求较高，管理人员仅仅依靠社区团购带来的规模化利益而忽视自我价值的提升是无法保证社区团购长远发展的。

5. 价格及竞争压力

目前，社区团购在一些城市的发展已经呈现出竞争日益激烈的情况，随着零售巨头的加入，一个社区可能出现多品牌的团购平台，此外，专人配送到家的便捷性更削弱了社区团购的发展优势。社区团购仅能依靠降低价格来打造"物美价廉"的产品优势，但只在此过程中，社区平台的产品价格无法带来相应的利润甚至于亏本。因此，众多巨头品牌引发的价格竞争使得社区团购发展的压力日益加剧。

6. 政策环境的压力

随着社区团购的竞争愈演愈烈，市场监管总局联合商务部组织召开了规范社区团购秩序行政指导会，强调互联网平台企业要严格规范社区团购经营行为，严格遵守"九不得"规定，规范社区团购市场秩序，维护公平竞争市场环境。在2021年3月，国家市场监管总局对部分社区团购品牌低价倾销等不正当价格行为顶格罚款，以警醒行业。价格战引起了政府对该行业的相关法律法规的完善，社区团购也将面临新一轮的大幅度调整。在激烈的市场竞争环境下，只有学法尊法守法用法，致力于提升产品质量，方能在市场发展中立于长远不败之地。

三、与传统零售的对比

（一）更低的经营成本，经营风险

（1）无论是线上开发社区化团购小程序，还是（委托团长帮忙销售）传统的线下设店或进入某一电商平台的销售模式，都可以大大降低其开发成本。有团长来帮助运营，依靠团长的社交资源获取客户，相比于传统的公司结构，人员更为精简，降低了其运营成本，与传统投放大量广告的营销方式相比，大大降低了其获取客户的成本。

（2）社区团购是一种预售交易模式，即先让消费者确认需求，后准备货物。这种形式不仅可以降低整体资金风险，也大大降低了库存周转风险。传统的方法是根据库存来确定需求，在资金和库存方面同样存在较高的风险。

基于以上两方面特点，社区团购也有着低门槛的特点。

（二）客户黏性更强，裂变速度更快

与传统电商相比，社区团购的顾客黏性更强，裂变的速度更快，主要原因如下：

（1）团长在社区有着广泛的人际关系，对社区的居民较熟悉，双方都互为信任，对社区人群的消费水平和习惯有一定的了解。

（2）这种熟人互相推荐的方式，让产品本身带有一定的信任感以及质量感，满足了顾客对商品性价比的需求，同时，也更加关注顾客消费过程的体验与感受。

（3）基于互联网技术和在小范围熟人间传播的特点，社区团购具有很强的时效性。在社区传播产品，效率高，速度快，一般情况下，只要产品口碑好，销量就好。

（4）顾客购买的都是日常生活必需品，重复率高。

（三）品类更杂，产品定位不明确

现存的社区团购产品范围广，相比于传统零售企业，没有有效的产品定位和特色优势。顾客消费认知、平台形象及其产品的特色都比较缺乏。对于大部分消费者来说，想要在众多的平台中挑选一个平台进行购买，在同等价位条件下，他们会优先选择专营产品，确保质量、口感等。另外，由于产品种类过于丰富，相比于传统零售，社区团购还面临寻找供应商和在供应商短缺的情况下保证产品质量的压力，可能会产生缺货、货损、产品质量参差不齐等问题。

第三节　社区团购小程序运营管理与优化

一、小程序开发

本书基于 Windows10 对社区团购微信小程序开发设计进行讲解。小程序开发设计主要包括前端和后端开发技术以及数据库技术。社区团购微信小程序的功能如图 8-3 所示。

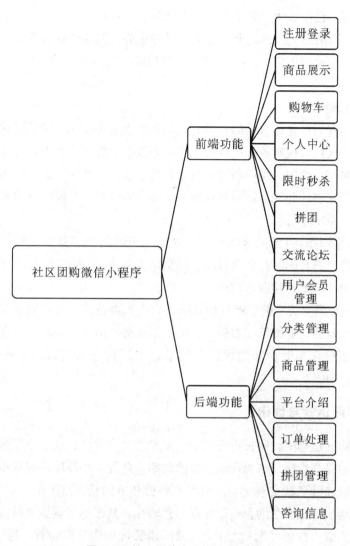

图 8-3　社区团购小程序功能一览

（一）前端开发技术

HTML 指的是超文本标记语言 WWW 万维网的描述性语言（标记语言）文字说明、动画、图形、链接和表格等功能都是通过 HTML 命令实现的。当前我们最熟悉的莫过于 H5，它引入了新的句法函数，例如视频、音频和画布标签。

CSS 层叠样式表（英文全称为 "cascading style sheets"）是一种用来表现 HTML（标准通用标记语言的一个应用）或 XML（标准通用标记语言的一个子集）等文件样式的计算机语言。

微信平台为了方便开发者使用，引用了不一样的两种标记语言 WXML 和 WXSS。WXML 语言和 HTML 语言非常的相似，是结合事件系统和基础组件而对框架设计的一套标签语言，可以构建出页面的结构、扩展 WXSS 小程序和修改 CSS。

（二）后端开发技术

本套小程序的后台开发大部分使用的都是 Java+MySQL 技术。Java 也是中国目前使用较为普遍的软件开发语言之一。随着 Java 的日益发展，它已不仅是简简单单的一种电脑编程语言了，已经成为一种平台、一个文化、一种社会。Java 语言主要用于开发网页、安卓 App、网络游戏，语法上包含了 C++的优势，但并没有继承 C++中许多不易于掌握的概念，应用范围较广。Java 语言具面向对象、支持分布式、低健壮性、高安全、多平台等特点。

（三）数据库技术

数据库是不仅可以进行数据的存储，还可以将数据信息按照想要的格式存储起来，极大便利了开发人员直接对数据进行特定的增删改查。数据库管理具有管理和操作数据库的功能，同时可以使用、维护和建立数据库的信息，方便对数据库的相应的控制和管理，使数据库的完整性和安全性同时得到一定的保障，对数据库信息的查看可以让用户登录数据库管理系统进行。

MySQL 精巧实用，开源完全免费，可以优化 SQL 语句，具有多线程、可靠性、可移植性、实用性，符合国际标准项目改进的全球支持 API。MySQL 作为开源产品，将为中小型互联网企业降低构建服务的成本。

Oracle 是一个商业关系数据库管理系统，它在集群技术、可用性、安全性和管理系统方面的卓越表现使它能继续在数据库领域占据优势。由于 Oracle 运行在所有主要平台上，因此可以通过在相对稳定的操作系统平台上运行它来提高整个数据库系统的可靠性。

二、小程序运营与优化

在社区团购的过程中，团长将会配备一个专用的小程序，这个小程序可以帮助团长在运营的过程中提高管理订单与提供服务的效率。此外，小程序还拥有积分和佣金两种奖励形式，可以鼓励"社交裂变"从而达到营销和节约获客成本的目的。秒杀、拼团、优惠群等促销玩法，也会帮助企业做社群运营转化，从而达到刺激会员消费的目的。

开发社区团购小程序（前后台），由社区团长进行微信群运营。通过小程序应用，社区团购成为一种重要的商业模式。有了小程序，社区团购平台可以使流程标准化，使采购、宣传、购买、配送、售后等全链条的效益得到极大提升。加上整体环境因素，社区团购很可能实现滚雪球式的增长，最终由松散的小生意升级为一个大商机。

小程序把人、货、场等重要商业要素进行重构，打造出一个去中心化的新零售系统。小程序的优化可以从以下三方面考虑。

（一）打造完美线下场景

事实上小程序像是在微信平台为商户们提供的一个手机移动端网页，小程序可以用自身的优势来展示商户的门店形象与门店内容，也能利用自身的优势为用户介绍商户的经营范围和产品。小程序具有定制开发功能，如果商户定制开发了一款功能完善、视觉效果良好的小程序，那与商户开发一个高级的网站的效果是一般无二的。而且小程序背靠微信庞大的用户量，将会成为商户十分完美的推广宣传平台，能让商户的门店与商户经营的产品得到有机的统一，为商户提供形象、口碑、品牌方面更好的宣传效果。

（二）众多引流方式来应对不同的场景

用户可以通过搜索附近的小程序、好友分享、公众号关联、搜索关键词和扫描二维码等多种渠道来进入小程序，用户也可以更好地利用小程序来寻找自己想要的商品。零售行业的小程序名称需要符合用户的搜索习惯及使用习惯，功能也要十分切中用户的使用习惯，如果这两点都做到了，那么小程序在零售行业将会发挥出更大的价值，为零售行业带来越来越多的用户。以下简谈四种引流方式。

1. 公众号关联小程序

微信小程序可与微信公众号绑定，绑定之后，微信公众号的介绍页面能将绑定的小程序入口显示出来，同时，微信小程序的介绍页面也能将公众号同步展示出来。微信小程序与微信公众号的绑定需要双方管理员扫描二维码进行确认。

微信可以借助自身携带的"看一看""搜一搜"等功能获取流量，即便公众号的粉丝数量不多，也可以借小程序的各项功能连接线上、线下，吸引更多用户关注。微信公众号可与线下门店联合开展运营，即便没有线下门店，也能通过附近的小程序获取一批潜在用户，将流量引入商城。

小程序商城开通之后，即便不依靠第三方平台，微信公众号也能实现更多内容以外的营销功能。例如，将小程序码融入公众号文章，用户扫描小程序码就能直接下单购买。另外，小程序码还可以迅速用到线下销售的过程中。小程序码没有数量限制，每个销售员都可以持有一个小程序码，这样，无论是流量获取还是交易转化都会变得清晰明了。

2. 附近的小程序：打开线上线下应用场景

"附近的小程序"这一功能是线下场景的集合，一旦某个线下门店生成了小程序应用，就可以点击"附近的小程序"搜索附近的门店，或通过扫描二维码找到门店进行消费。对电商商家来说，商家店铺的客流可突破店址局限，使选址成本有效减少，使门店辐射范围大幅拓展，从几百米拓展到几公里。

除此之外，利用"附近的小程序"，可以在线上展示线下的门店信息，赋予了小程序门店营销等功，使线上、线下应用场景进一步开放。

3. 小程序数据助手：随时管理数据

利用小程序数据助手，小程序开发人员与运营人员可以随时查看小程序的关键运营数据，其数据要与小程序后台的常规分析保持一致。借助这一功能，无论是商家还是小程序运营人员都能迅速了解小程序的发展概况，实时监控小程序的访问趋势，进而提升运营工作的效果。

（三）"支付"场景的便利性提高购买率

除了天生的流量优势以外，小程序在购买环节与支付环节的便利性也大大提高了零售行业的购买率。微信支付不仅是实现线上购买的途径，更是小程序线下购买的付款途径，为消费者的支付安全提供了最大的保障。微信平台为了能够更好地为线下商户的新零售领域服务，推出了智慧收银系统，让商户的收款和对账更加轻松。

不管是线下生活场景方面的不断拓展，还是在零售行业的各种功能，小程序都在不断地为开发者、商户和服务商提供更加成熟、更多创新、更加完善的功能，帮助传统零售朝着智慧零售升级以及转型，从而让更多的用户体验更具智能化、更加便捷的生活方式。

线上和线下的完美融合使得新零售逐渐成了商业发展的新模式、新业态。小程序也逐渐成了各类实体商户在线上销售的标配。在移动互联网时代，商户如果懂得如何利用小程序这一工具打造良好的消费场景，就有可能会把生意做得更大，也将会更轻松。

 ## 思考题

1. 什么是社区团购？
2. 社区团购的作用机制是什么？
3. 社区团购有什么先进性与局限性？
4. 与传统零售相比，社区团购有哪些优势？
5. 社区团购小程序开发应用了哪些技术？

 ## 作业

一、判断题

1. 社区团购采用以采定销的 O2O 模式，从而大大降低了履约成本。 （   ）
2. 社区团购的运营模式本质是销售渠道的创新。 （   ）
3. 在社区团购的萌芽、起步、发展、爆发四个阶段中，发展阶段主要表现为社区团购商品在 QQ 群和微信群展示。 （   ）

二、选择题

1. 在社区团购中，团长会担任以下哪几种角色？（   ）
   A. 推销员   B. 售后服务员
   C. 送货员   D. 理货员
2. 社区团购的先进性体现在（   ）。
   A. 配送成本低   B. 价格低廉
   C. 经营管理有序   D. 复购率高

 ## 思考与讨论

小程序有展示门店形象与门店内容的功能，请试着找出一个社区团购的小程序，观察它是如何实现这一功效的，并试分析哪些小程序在微信用户中的宣传效果更好。

参考文献

[1] 袁来. 社区团购业务商业模式研究：以美团优选为例 [J]. 内蒙古科技与经济, 2022 (14)：69-70, 73.

[2] 李蕾蕾. 基于新零售视角的社区团购发展研究 [J]. 现代营销（上旬刊）, 2022 (12)：88-90.

[3] 耿爽爽, 沙昉奕. 基于微信生态的社区团购模式运营机制探究 [J]. 中国商论, 2020 (7)：7-8.

[4] 王晓芳. 零售新风口：社区团购商业模式分析研究 [J]. 环渤海经济瞭望, 2019 (11)：57-59.

[5] 顾雨歌. 社交化电商"社区团购"商业模式发展分析 [J]. 现代商业, 2021 (35)：81-83.

[6] 张玉. 新零售背景下社区团购运营模式及发展对策分析 [J]. 产业经济, 2022 (5)：48-49.

[7] 李燕珑, 于丽君, 韦利娟. 新零售背景下的社区团购发展现状及问题研究 [J]. 对外贸易, 2022 (3)：71-73.

[8] 杨芳, 汪洋, 方艳丽. 新零售背景下社区团购的现状和发展趋势 [J]. 区域与城市经济, 2022 (23)：38-40.

[9] 洪涛, 洪勇. 社区团购模式创新焦点问题研究 [J]. 商业经济研究, 2022 (3)：79-82.

[10] 龚艳萍, 徐秀. 新兴自发式团购平台中组团规模对消费者参团意愿的影响 [J]. 企业经济, 2018, 37 (10)：134-140.

第九章

网络零售交易规则

 学习目标和要求

本章主要阐述网络零售交易规则（网规）与监管产生的经济学原因，网规的内涵与外延，网规与传统网络零售交易规则所具有的不同特点，网规存在的价值与效用，网络零售平台规则的具体内容，网络零售市场监管的内容与目标等。通过本章学习，学生应达到以下目标和要求：

（1）认识网规内涵与外延，掌握网规的特征。

（2）学习并掌握网规产生的经济原因。

（3）了解网络零售平台规则的具体内容。

（4）了解网络监管中的认证技术、支付技术、网络声誉机制。

本章主要概念

网络零售市场失灵　网络外部性　平台交易规则

互联网几十年的发展表明网络零售市场的发展与规则、法规的发展演变密不可分。其间有适应与调整，也有互动和摩擦。与此同时，来自网络经济内部规则的演变也在悄悄发生，从交易到支付、从网商到平台、从信用到消费者保护、从量变到质变，形成了一套不同于现有政策法规体系的内生和自治的规则。

一、规则与监管概述

规则，是运行、运作规律所遵循的法则，一般指由群众共同制定、公认或由代表人统一制定并通过的，由群体里的所有成员一起遵守的条例和章程。规则具有普遍性，规则也指大自然的变化规律。它存在三种形式：明规则、潜规则、元规则。监管是人类社会、经济和政治生活中一种普遍存在的现象，无论我们是否意识到，它都在现实生活中存在并发挥着作用。

监管，在汉语中，"监"一般有视、摄、督、察、审等含义，"管"一般有约束、干预、治理和惩戒等含义。在英文中，监督一词为"supervision"，"super"是"在上"，"visoin"是"看、观察"的意思，两者合起来就是上对下的观察、指导、控制。通常意义上，监管具有狭义和广义两重含义。狭义的监管指政府的内部治理，即政府自身运行中的治理；广义的监管除政府自身运行的治理之外，同时包括政府对社会公共事务的治理，即政府的对外职能。所以，在市场经济条件下，政府投资监管指政府对与投资有关的主体（包括政府本身）及其行为实行的监督和治理，目的主要是营造公平竞争环境、保证市场机制正常发挥作用和最终实现社会资源的最优化配置。

从本质上说，政府市场监管与国家宏观调控都是政府为弥补市场本身固有的缺陷和局限性而对市场进行的干预，两者互为联系、互相配合。国家宏观调控是一项庞大的系统工程，它包括两大部分职能：调节和监管。

二、网络零售市场监管的经济导因分析

(一) 市场失灵

市场失灵构成了规制经济学的前提。没有市场失灵，就没有政府规制的必要。市场失灵是相对于经济学中的"市场成功"而言的。根据古典经济学理论，在严格的市场完全竞争假设条件下，市场这只"看不见的手"能够使资源配置效率最大化，同时使社会福利达到最大化，即达到所谓的"帕累托最优状态"。20 世纪 50 年代阿罗（K. Arrow）和德布勒（G. Dereu）用严格的数学方法证明了完全竞争市场的高效率。该理论有一个基本假定：市场均衡与帕累托最优。但在市场经济比较成熟的西方国家，大企业的垄断和过度的市场同时并存，使社会资源的配置失去了效率，社会消费的公正原则也遭到破坏，即微观经济学中通常所说"市场失灵"（market failures）。

市场失灵主要表现在公共产品（public goods）、外部性（externality）、市场势力（market power）（包括人为垄断和自然垄断）和信息不对称（information asymmetry）等方面。

（1）公共产品。经济社会生产的产品大致可以分为两类：一类是私人物品，一类是公共物品。简单地讲，私人物品是只能供个人享用的物品，例如食品、住宅、服装

等。而公共物品是可供社会成员共同享用的物品。严格意义上的公共物品具有非竞争性和非排他性。非竞争性是指一个人对公共物品的享用并不影响另一个人的享用，非排他性是指对公共物品的享用无须付费。例如国防就是公共物品。它带给人民安全，公民甲享用国家安全时一点都不会影响公民乙对国家安全的享用，并且人们也无须花钱就能享用这种安全。

（2）外部性。外部性是指个人和厂商的一种行为直接影响到他人，却没有给予支付或得到补偿。市场经济活动是以互惠的交易为基础，因此市场中人们的利益关系实质上是同金钱有联系的利益关系。例如，甲为乙提供了物品或服务，甲就有权向乙索取补偿。当人们从事这种需要支付或获取金钱的经济活动时，还可能对其他人产生一些其他的影响，这些影响对于他人可以是有益的，也可以是有害的。然而，无论有益还是有害，都不属于交易关系。这些处于交易关系之外的对他人的影响被为外部影响，也被称为经济活动的外在性。例如，建在河边的工厂排出的废水污染了河流，对他人造成了损害。工厂排废水是为了生产产品赚钱，工厂同购买它的产品的顾客之间的关系是金钱交换关系，但工厂由此造成的对他人的损害却可能无须向他人支付任何赔偿费。这种影响就是工厂生产的外部影响。当这种影响对他人有害时，就称之为外部不经济。当这种影响对他人有益时就称之为外部经济。比如你摆在阳台上的鲜花可能给路过这里的人带来外部经济。

（3）垄断。对市场某种程度的（如寡头）和完全的垄断可能使得资源的配置缺乏效率。对这种情况的纠正需要依靠政府的力量。政府主要通过对市场结构和企业组织结构的干预来提高企业的经济效率。反垄断（antimonopoly 或 antitrust）对于维持市场经济的正常运行至关重要，甚至说反垄断法（竞争政策的主要内容）是市场经济条件下的"经济宪法"也为不为过。但要注意，反垄断法反对的是人为的市场垄断，如滥用市场势力、不当的企业购并、严重影响竞争的串谋行为等等，而对自然垄断则通常予以豁免。这方面的干预属于政府的产业结构政策。

（4）信息不对称。由于经济活动的参与人具有的信息是不同的，一些人可以利用信息优势进行欺诈，这会损害正当的交易。当人们对欺诈的担心严重影响交易活动时，市场的正常作用就会丧失，市场配置资源的功能也就失灵了。此时市场一般不能完全自行解决问题，为了保证市场的正常运转，政府需要制定一些法规来约束和制止欺诈行为。

（二）规制失灵

规制失灵（regulation failure）。与市场失灵对应，政府规制也可能出现规制失灵。导致规制失灵的主要原因有规制者任职期限、自身利益、有限理性、有限信息等，甚至出现"规制俘虏"即规制者被规制者"收买"的现象。按常理说，如果市场失灵与规制失灵并存，应该"两害相权取其轻"，但现实中情况往往并不如此。因为政府规制是主观人为的，比如一项规章尽管已经不合时宜，但通常不会自动退出或解除，很可能还受到既得利益者的阻碍。这是市场失灵与规制失灵的重大区别。或者说，有些情况下，政府规制的综合效果可能反倒不如默认市场运行的自然结果。

三、网规的内涵

网络零售交易规则，简称"网规"，是指用于规范网上零售交易主体各方行为和促使网络零售市场规范发展、竞争有序，在国家法律规则和社会基本的道德规范的基础上制定的成文规范性行为约束文件的总称。

网规内涵有广义和狭义之分。广义的网规是指"互联网商务活动相关的制度规范及商业文化"，狭义的网规是指"经由电子商务服务商与网商群体、消费者之间的互动，或是网商群体自发形成的交易规则"。这种分类和含义上的表述主要是从商务的角度进行的。在一个法治社会中，规则性质的事物最终要通过法律的视野、运用法律的思维和方法进行阐释，才能让网规存在的合理、合法性，符合社会经济发展规律，得到更有力的支撑和最终的执行。

四、网规的特点

网规是网络零售市场治理规则体系的总称，它与"网商""网货"共同构成新商业文明的三大支柱，以"开放、分享、透明、责任"为特质，以调整网商、网货、交易平台及外部环境之间的关系为主要内容，不断成形、进化、衍生、升级，目前还处于发展的初级阶段。

网规与现代治理理论、软法等现代治理思想形成一个完整的现代市场治理体系，与传统法律法规主要针对工业文明，以原子论、契约论为基础不同，网规是信息社会的基本规则，内生于网络企业，以比特和网络为基础，具有全球化、网络化、社区化、个性化、多中心等鲜明特点。

五、网规存在的价值与效用

事物存在的合理性是基于其对自然和社会体系能够起到的某种效用，就是有存在的价值与特定功能。网规的价值与效用在于以下几个方面：

1. 网规是网络零售市场体系中的支撑性要素

在网络零售市场上，作为市场交易三要素之一，网规居于基础性的支撑地位，这种支撑相对于社会上既存的法律规范而言，没有国家法律法规的刚性，主要靠主体相互间的一致性协议或内在的利益驱动来保障实施，因此是一种软支撑。这种软支撑却和法律法规的硬支撑一起组成了电子商务的基础，所有网络零售市场行为都处在这个基础的支持和规范之下，这样才使得纷繁复杂、丰富多样的电子商务活动变得秩序井然、充满向前发展的活力。

2. 网规催生新的商业和立法实践，弥补法律局限

法律具有滞后性和稳定性的特点，表现在新的社会实践总是要走在立法的前面，而且要达到一定程度和规模才会进入立法程序，这在电子商务领域表现尤为突出。层出不穷的网络零售新商业模式和行为很难在法律上找到依据，网规的出现填补了相应的空白，新的实践得以继续开展并繁荣下去，直到形成一定规模进而被立法关注。如2004年出台的我国第一部真正意义上的电子商务法——《中华人民共和国电子签名法》系

统地规定了电子证据、电子签章的效力。今后会有越来越多的网规调整范围内的行为被纳入法律监管范围，如电子合同、电子签名、消费者保障计划、电子商务税收、网上纠纷仲裁等，进而网规会上升成为国家法律法规。

3. 维护与倡导网络零售市场的核心价值观念

网络零售市场着重强调的诚信、开放、分享和社会责任等核心价值观，同网规具有密不可分的联系。这表现在一方面网规对这些核心价值观念起到维护和倡导的作用，另一方面这些价值观念有相当大的部分会直接外化并表现为网规。如在网络零售市场上，最典型的就是电子商务平台的诚信度评价机制，它作为网规本身就是诚信理念在指导电子商务活动过程中形成的结晶。

第二节　平台交易规则

一、平台交易规则的特点

平台交易规则是网络零售平台制定的用于规范使用该平台的交易各方行为，保证交易合法合规进行的一系列成文性规定。

它具有成文性、公开性、约束性、发展性的特点。

1. 成文性

它一般是由网络零售交易平台在广泛征求各方意见的基础上，公布的用于指导各方市场行为的成文性规范性文件，一般公布上该平台网站上。

2. 公开性

平台交易规则一旦公布后，向社会公众公开，网络零售市场交易各方通过网站、纸质文件、电子邮件等等途径查询详细内容。

3. 约束性

社会由种种规则维持着秩序，不管这种规则是人为设定的还是客观存在的，只要是规则，便具有制约性。因为规则都具有绝对的或相对的约束力。人的行为在一定的范围内才可以得到许可，不是完全无拘无束的。这种许可包括自然界的许可、社会的许可、他人的许可。这就是规则的制约性的表现。在这种制约性中包含着个体切身的利害关系，因此规则的制约性是普遍存在的，也是不可消除的。

4. 发展性

规则，不是一成不变。历史上，有许多规则随着社会的发展相继废立；现实中，也有许许多多的规则随着生活的需要而不断完善。平台交易规则也随着时代的发展在不断变化调整。

二、平台交易规则的具体内容

（一）淘宝规则

淘宝规则是指阿里巴巴旗下的淘宝为了规范淘宝的用户而制定的规则。违规行为的认定与处理，应基于淘宝认定的事实并严格依规执行。淘宝网用户在适用规则上一律平等。其网页内包括规则词典、规则解读、规则众议院、我的体验中心和违规公示五大板块。

此外，平台还提供卖家规则互动、每周规则解读、新手必看、趣味短视频等专题信息，帮助平台卖家了解、熟悉各种在运营过程中涉及规则的相关知识，并邀请卖家一同参与规则建设，如图9-1所示。

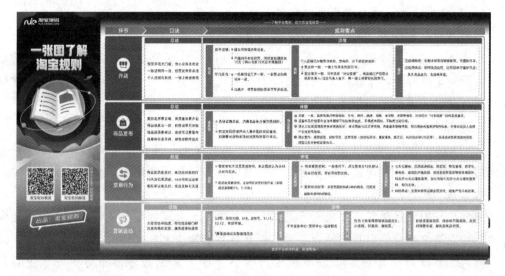

图9-1　淘宝规则

以下是淘宝平台规则总则：

第一章　概述

第一条　规则目的

为了让用户享受到更优质、安全、可信赖的商业环境和交易体验，推动线上线下一体化的协同治理，优化淘宝平台［包括淘宝网（域名为 taobao. com）、天猫（域名为 tmall. com）、聚划算（域名为 juhuasuan. com）、飞猪（域名为 alitrip. com、fliggy. com、feizhu. com）等网站及客户端］生态体系，特制定本规则总则。

第二条　规则基础

（一）法律基础。《中华人民共和国电子商务法》《中华人民共和国网络安全法》《中华人民共和国消费者权益保护法》《网络交易监督管理办法》等国家法律法规及相关规范性文件（以下简称"法律规定"）规定了淘宝平台生态体系各方的法定权利义务，是淘宝平台规则制定、修订的法律基础。

（二）规范基础。淘宝平台相关协议作为淘宝与其会员明确权利义务的法律文件，是淘宝平台规则的规范基础。

（三）理念基础。淘宝平台生态体系各方践行商业道德和社会责任，在淘宝平台上共生共赢、共治共建，自律规范发展，对法律未有明确规定的，平台通过有益探索不断实现各方利益最大化，是淘宝平台规则的理念基础。

第三条　规则原则

淘宝平台生态体系各方尊重和信守以下原则：平等、自愿、公平、诚信。淘宝平台生态体系各方在淘宝平台上的行为不得违反法律规定，不得违背公序良俗。

第四条　适用对象

淘宝平台规则适用于淘宝平台生态体系各方，包括用户、会员、买家、卖家、其他相关者、淘宝等。

第五条　规则体系及效力

淘宝平台规则体系及效力级别如下：

（一）规则体系。淘宝平台规则是以下规则的统称：

1. 《淘宝平台规则总则》（以下简称"《总则》"）。

2. 针对淘宝平台会员市场管理与违规处理、行业市场管理、营销活动和其他必要事项，所制定的有关具体规则规范，包含对具体规则规范进一步细化制定的相应实施细则（以下简称"规则规范"）。

3. 根据淘宝平台临时性管理需求所发布的临时公告。

（二）效力级别。《总则》中已有规定的，从其规定；规则规范或临时公告有特别规定的，从特别规定。淘宝平台规则尚无规定的，淘宝根据法律规定或相关协议处理。

第六条　规则程序

淘宝根据国家法律规定要求和生态体系发展需要，对淘宝平台规则适时审慎制定或修改，并在淘宝平台规则页面进行公示，规则自公示期满之日起生效。

制定或修改的交易规则依法适用专门的公开征求意见程序，并向相关职能部门报备。

第七条　规则溯及力

发生在规则生效以前的行为，适用当时的规则；发生在规则生效以后的行为，适用新规则。

第二章　会员一般规定

第八条　通用原则

会员在淘宝平台的所有行为都需要遵守国家法律规定、淘宝平台规则要求，以及根据淘宝平台相应页面指引进行操作。

第九条　注册

会员应当根据淘宝平台的流程和要求完成注册，会员名注册后无法自行修改。

会员可将会员账户与其支付宝账户绑定，符合一定要求可更换绑定的支付宝账户。

会员账户如为不活跃账户等情形的，淘宝可进行回收。

第十条　认证

会员应当根据淘宝平台的认证要求，提供会员本人（含自然人、法人及其负责人、非法人组织及其负责人等，下同）真实有效的信息。

（一）会员应当提供的信息包括但不限于：本人身份信息、本人实人信息、有效联系方式、真实地址、经营地址、市场主体登记信息、支付宝相关信息以及其他法律法规规定需要提供的认证信息证明身份真实性、有效性、一致性的信息。会员提供的本人信息不完整、失效或可能不准确的，淘宝可不予通过认证。

（二）为保障会员认证信息的持续真实有效，淘宝可对已通过认证的会员信息进行复核。

第十一条　信息发布

会员不得发布如下信息：

（一）反对宪法所确定的基本原则的；

（二）危害国家安全，泄露国家秘密，颠覆国家政权，破坏国家统一的；

（三）损害国家荣誉和利益的；

（四）歪曲、丑化、亵渎、否定英雄烈士事迹和精神，以侮辱、诽谤或者其他方式侵害英雄烈士的姓名、肖像、名誉、荣誉的；

（五）宣扬恐怖主义、极端主义或者煽动实施恐怖活动、极端主义活动的；

（六）煽动民族仇恨、民族歧视，破坏民族团结的；

（七）破坏国家宗教政策，宣扬邪教和封建迷信的；

（八）散布谣言，扰乱经济秩序和社会秩序，破坏社会稳定的；

（九）散布淫秽、色情、赌博、暴力、凶杀、恐怖或者教唆犯罪的；

（十）侮辱或者诽谤他人，侵害他人合法权益的；

（十一）欺诈、虚假、不准确或存在误导性的；

（十二）其他违反法律规定、社会公德或根据淘宝平台相关协议、《淘宝平台违禁信息管理规则》等不适合在淘宝平台上发布的。

第十二条　交易

会员应遵守淘宝平台交易流程的各项要求进行真实交易。会员因淘宝平台上的交易发生争议，可向淘宝发起争议调处服务请求，淘宝可视情况要求买卖双方提供相关证明材料，并根据《淘宝平台争议处理规则》处理。

第十三条　评价

会员应合理使用淘宝平台评价工具，其中使用淘宝网评价工具的须遵守《淘宝网评价规范》等相关规定，使用淘宝平台其他评价工具的须遵守相关规则规定。

第三章　卖家规定

第一节 淘宝网卖家规定

第十四条　开店与退出

会员在淘宝网开店或退店应遵守以下要求：

（一）开店：会员满足相关条件后，方可根据淘宝网设置的流程创建店铺。正常情况下，一个会员作为卖家仅能开设一个店铺，具备一定持续经营能力、满足一定经营条件的诚信卖家，可享有开设多店的权益，详见《淘宝网开店规范》。

（二）店铺信息设置：卖家在设置店铺名、店铺域名、店标、店铺介绍等店铺信息时应遵守《淘宝网店铺命名及信息规范》。

（三）店铺经营主体变更：卖家满足一定条件可进行店铺经营主体变更，详见《淘宝网店铺经营主体变更规范》。

（四）退店：卖家主动注销店铺或被淘宝网按照相关规则彻底释放店铺、关闭店铺、查封账户的，店铺对应的店铺名及域名可供其他卖家申请使用，详细可参照《淘宝网退店规范》。

第十五条　保证金

卖家应根据《淘宝网保证金管理规范》缴存保证金用以担保对消费者保障服务承诺以及淘宝网相关协议、规则的履行和遵守。

第十六条　资质备案

卖家发布需要准入的商品或服务信息时，应当根据相关规则及系统设置要求提交资质材料，通过淘宝网备案或审查。

第十七条　信息及质量

卖家发布的商品或服务信息须符合《淘宝网商品发布规范》等相关规定。

卖家应确保其出售的商品或服务在合理期限内可以正常使用，具备其应当具备的使用性能、符合包装说明上注明采用的标准等，不存在危及人身财产安全的风险，并对其所售商品或服务质量承担相应责任。

卖家发布的商品涉及材质描述的须符合《淘宝网材质标准定义表》的规定。淘宝网可根据《淘宝网商品品质抽检规范》对其卖家所售商品或服务进行抽检。

第十八条　交易履约与服务保障

会员可根据淘宝网要求及实际需求选择交易方式。

卖家须履行交易或服务等承诺，包括根据《淘宝网发货管理规范》等规则及其自身做出的承诺在规定和承诺期限内及时发货（特殊情形除外）等。

卖家应保障买家合法权益，提供消费者保障服务，遵守《淘宝网七天无理由退货规范》等相关规定。

第十九条　营销

卖家参加淘宝网营销活动须遵守《淘宝网营销活动规范》或对应营销活动规则等相关规定。

第二十条　行业与特色市场

特定行业或特色市场的淘宝网卖家须遵守《淘宝网行业管理规范》《淘宝网特色市场管理规范》。

第二节　其他淘宝平台卖家

第二十一条　其他淘宝平台卖家

天猫商家、飞猪商家等其他淘宝平台卖家须遵守天猫、飞猪等对应平台与本章第一节内容相关的相应规则。

第四章　其他角色规定

第二十二条　供销平台用户

供销平台用户应遵守《供销平台管理规范》等相关规定。

第二十三条　服务市场用户

服务市场用户应遵守《服务市场管理规范》等相关规定。

第二十四条　阿里拍卖平台用户

阿里拍卖平台用户应遵守《阿里拍卖平台管理规范》等相关规定。

第二十五条　淘宝直播平台用户

淘宝直播平台用户应遵守《内容创作者管理规则》《淘宝直播管理规则》《淘宝直

播机构管理规范》《热浪引擎平台管理规则》《热浪引擎平台争议处理规则》等相关规定。

第二十六条　其他用户

为尽力满足用户需求，不断提升用户体验，淘宝平台可能会不时推出新的市场及服务，相应市场及服务的用户应遵守相应协议及淘宝平台规则页面公示并生效的相关规则等规定。

第五章　市场管理与违规处理

第二十七条　淘宝网会员的风险行为及违规行为根据《淘宝网市场管理与违规处理规范》处理，其他淘宝平台会员根据其平台相关规则处理。

第六章　附则

第二十八条　本规则于 2019 年 5 月 6 日首次生效，于 2022 年 5 月 31 日最新修订。

第二十九条淘宝平台规则中的"以上"，包含本数；淘宝平台规则中的"以下"，不包含本数。

第三十条淘宝平台规则中的"天"，以 24 小时计算。

附录定义

1. 用户，指淘宝平台各项服务的使用者。用户无须注册，即可浏览淘宝平台相关信息。

2. 会员，指与淘宝签订服务协议并完成注册流程的用户，包括平等民事主体的自然人、法人和非法人组织。

3. 买家，指在淘宝平台上购买商品或服务的会员。

4. 卖家，指在淘宝平台上成功创建店铺并从事商品销售或提供服务的经营活动的会员。

5. 其他相关者，指与淘宝平台用户有一定关联关系的个体或组织，如知识产权权利人、供销平台用户、服务市场用户、内容创作者及机构等。

6. 淘宝，淘宝平台经营者的单称或合称，包括淘宝网经营者浙江淘宝网络有限公司、天猫经营者浙江天猫网络有限公司、聚划算经营者浙江天猫网络有限公司、飞猪经营者杭州淘美航空服务有限公司等。

7. 知识产权权利人，指依法拥有商标权、著作权、专利权等知识产权的自然人、法人或其他组织。

（二）其他平台规则

（1）天猫规则。天猫主要针对 B 端商家入驻，暂不接受个体工商户，门槛较高，要求较严格。在天猫规则页面中包括了规则词典、规则解读、营销规则、违规公示、学习中心、商家入驻等规则内容。

（2）京东规则。京东主要运营垂直电商和平台入驻电商。在京东规则中心主要包括 POP 规则、自营供应商管理规则、京喜规则、京东国际规则、全渠道规则、特色业务规则、规则评审团、违规公示等规则内容。

第三节 交易监管中的技术

一、身份认证与访问控制

身份认证技术是在计算机网络中为确认操作者身份而产生的解决方法。

计算机网络世界中一切信息包括用户的身份信息都是用一组特定的数据来表示的，计算机只能识别用户的数字身份，所有对用户的授权也是针对用户数字身份的授权。

如何保证以数字身份进行操作的操作者就是这个数字身份的合法拥有者，也就是说如何保证操作者的物理身份与数字身份相对应？身份认证技术就是为了解决这个问题，作为防护网络资产的第一道关口，身份认证有着举足轻重的作用。

常见的认证技术有如下七种：

（1）实名认证：实名认证同时核实客户身份信息和银行账户信息。实名认证主要是通过姓名和身份证号是否一致来进行验证。这种方法安全性一般，身份信息可能在使用过程中泄露。

一般有以下几种实名认证方式：①面对面进行实名认证；②通过身份证进行实名认证；③通过绑定银行卡进行实名认证；④通过电话号码进行实名认证；⑤通过邮箱进行实名认证；⑥通过动态口令机制实现实名认证；⑦通过其他方式实现实名认证。

（2）静态密码：用户在网络登录时输入自己设定的密码，计算机就会认为该用户是合法用户。在实际应用中，用户往往容易忘记密码，因此，在注册时提供了密码提示问题，该问题用于密码丢失时找回。密码由于是静态的，因此容易被木马和程序截获。静态密码最为简单，但安全性也很差，是一种不安全的身份认证方式。

（3）智能卡：是一种集成电路的芯片，芯片中存有与用户身份相关的数据，智能卡由专门的厂商通过专门的设备生产，是不可复制的硬件。智能卡需用户携带才可使用，较不方便，仍然存在一定隐患。

（4）短信密码：这是一种动态的密码，每次使用的密码都是以手机短信形式请求的包含 6 位随机数，短信密码比较安全，普及性较高，易收费，易维护。因此是一种口碑较好的身份认证技术。

（5）动态口令牌：这是目前最安全的身份认证方式，它是客户手持用来生成动态密码的终端，基于时间同步方式，每隔一定时间变换一次口令，口令一次有效，它产生 6 位动态数字进行一次一密的方式认证。由于动态口令牌使用起来非常便捷，85% 以上的世界 500 强企业运用它保护登录安全，因此广泛应用于第三方支付。

（6）数字签名：又称电子加密，可以区分真实数据与伪造、被篡改过的数据。这对于网络数据传输，特别是电子商务是极其重要的，一般要采用一种称为摘要的技术。摘要技术主要是采用 HASH 函数①将一段长的报文通过函数转换为一段定长的报文，即

---

① HASH（哈希）函数提供了这样一种计算过程：输入一个长度不固定的字符串，返回一串定长度的字符串，又称 HASH 值。

摘要。身份识别是指用户向系统出示自己身份证明的过程，主要使用约定口令、智能卡和用户指纹、视网膜和声音等生理特征。数字证明机制提供利用公开密钥进行验证的方法。

身份认证技术在第三方支付平台中使用比较频繁，几乎所有的第三方支付平台都支持身份认证。网商平台在与第三方支付工具合作时也会在意其支付安全保障，如支付宝提供手机动态口令和实名认证，提升真实性，使交易更安全、更放心。

二、支付加密

随着识别技术的发展，生物识别为交易支付再上了一层保险锁。生物识别技术是通过可测量的身体或行为等生物特征进行身份认证的一种技术。生物特征是指唯一的可以测量或可自动识别和验证的生理特征或行为方式。以下介绍三种识别技术，除此之外还有语音识别技术也常见于日常生活中。

（一）虹膜支付技术

虹膜识别系统一般是运用虹膜图像采集仪器对图像进行采集，再从原始图像中分割出虹膜，接着对其进行归一化，从而排除在获取虹膜图像的过程中由于旋转与尺度变化所产生的负面影响，然后增强图像，从而避免光照对虹膜识别所产生的负面影响，接着通过各种提取特征的技术来提取虹膜图像的特征，再编码所提取的虹膜特征，并将其保存至特征数据库中，通过模式识别技术来匹配。

（二）人脸支付技术

当使用人脸识别技术的时候，首先要用摄像头或数码相机对测试样本拍照并放在人脸图像数据库中，然后根据样本数据，对人脸图像进行一系列预处理，再提取其特有的数据值，最后把得到的最终数据值与数据库中原有的人脸图像数据值进行比较，然后根据分类识别算法分类，达到人脸识别的目的。

（三）指纹支付技术

指纹识别技术是生物识别技术当中比较成熟和安全的。首先通过指纹采集设备采集到人体指纹的图像，然后该原始数据进行初步的处理。其次是利用其需要的软件来建立指纹的特征数据。这是一种单方面的数据转换，即只能把指纹数据转换成特征数据，但是特征数据不能转换为指纹数据，同时指纹和特征数据相结合不能转换成相同的数据。再次在软件上找到我们需要的数据点，也就是指纹分叉和终止的坐标位置。这样在手指上的 70 个节点就能够产生大约 490 个数据了。最后把其数据存储在计算机中，利用处理前后的两个模板进行比对，然后看其是否匹配，不匹配则验证失败。

三、网络声誉机制

随着平台经济时代的到来，网络成了人们经济活动的主要场所。平台经济当中的声誉机制与传统交易的声誉机制形成方式不同，以信息的反馈和传导为主。当前大多数平台都面临声誉真实性的问题，卖家和买家都可能利用声誉机制的漏洞为自己牟利。现实中，主要的对声誉进行操纵的手段可以分为两类：一是向第三方购买刷单、刷评、刷钻的服务，也包括收买平台管理人员删除用户提交的差评；二是通过红包或骚扰手段，让买家给予好评或删除差评。

一个对所有人开放的超大规模的平台，其建立声誉机制是为了在商品优质和商品多样化二者中维持平衡。声誉的定义更倾向于指卖家的诚信程度，希望卖家提供的商品和定价是匹配的，希望买家收到的商品和卖家提供的商品描述是匹配的。这里介绍淘宝网上与声誉相关的交易机制，主要是信用评价系统和卖家商盟制度。

（一）信用评价系统

淘宝会员在使用支付宝服务成功完成每一笔交易后的 15 天内，双方均有权对与对方交易的情况进行评价。买家可以对卖家做一次信用评价。评价分为"好评""中评"和"差评"三种，"好评"加一分，"中评"不加分，"差评"扣一分。将卖家收到的分数累加起来就得到卖家的信用度，其中好评数在交易次数中所占的比例就是卖家的好评率。卖家根据累积的评价积分，获取的信用度从低到高分为心、钻石、皇冠等 20 个级别。

为了防止交易一方或双方虚构交易或实施其他足以影响他人会员积累信用的行为，淘宝对恶意炒作信用的行为依据情节的轻重程度进行 30~90 天的"公示警告"处罚。

（二）卖家商盟制度

卖家商盟制度是淘宝的一个创新。淘宝鼓励卖家组织起来建立商盟，卖家的自我管理可以减少淘宝的付出。众多卖家组织成商盟，可以增强其谈判力量，降低商品配送费用和采购成本。通过加入商盟，小卖家不但可以汲取经验教训，获得商业信息，还可以找到归属感。商盟还可以起到协调的作用，防止成员之间展开恶性的价格竞争。最重要的是，商盟还可以起到承诺作用。商盟可以其形成的集体声誉向买家承诺商盟成员不会有欺骗行为，一旦商盟成员存在欺骗行为，将损害整个商盟的集体声誉，商盟将对其实施严厉惩罚。为了使向买家发出的承诺是可信的，商盟制定了严格的入盟程序和规章制度。另外，相比其他第三方执行中介，商盟成员之间比较熟悉，因此商盟拥有更多的信息，在某些领域可以更清晰、更低的成本对争议进行裁决。

对淘宝来说，商盟可以增加淘宝社区的凝聚力，吸引更多的卖家到淘宝网上进行交易。商盟可以使卖家自我管理、互相监督从而起到补充信用评价系统的作用，减少了平台的付出，增加了网上交易中买家与卖家之间的信任。

四、刷单与恶意差评的监管模型

由于存在着信息不对称，网店比消费者更了解自己所售商品的好坏，消费者只有根据网店的信誉星级、描述得分、服务得分、成交量以及图文评价信息等来决定要不要购买商品。网上这些公开的数据很多存在着造假的可能性。根据央视记者的调查，店主只需要花一些佣金，就能让"刷客"在短时间内伪造大量的购物行为，并给出好评，从而迅速提升店铺信誉等级。这些刷单行为从交易前的聊天到购买后的物流信息，以及收货后的晒图评价等，都能做到跟真实的购物流程一模一样。刷单行为使得网购平台假冒伪劣产品不断涌现，恶化了店铺之间的竞争，降低了网购平台的信誉，不利于网络平台的健康发展。对于刷单行为，京东则通过先进的大数据技术构建有效的反刷单系统，给予刷单者强有力的打击，保护消费者利益。京东的有关资料显示，京东识别刷单行为的准确率能达到 99%。该系统利用订单、产品、物流和客户等 200 多个维度的大数据,通过计算各个维度的特征值就能准确地查到恶意刷单的行为。

在网购平台上不仅存在刷单行为,还存在恶意差评的现象,职业差评师这一职业正是随着淘宝等网上购物平台快速发展而出现的,他们通过给平台上的店主恶意差评,以达到敲诈勒索的目的。有的卖家为了维护自身的口碑和声誉,只能选择妥协。目前恶意差评已经形成了一条黑色产业链,给卖家的经营带来了严重的损害。

阿里巴巴通过消费者诚信数据模型从消费行为当中准确区分不同的消费者。消费者在平台上的所有消费行为都会被记录下来,消费者消费的次数越多,算法模型就越精确。基于消费者诚信大数据的积累,这些职业差评师一旦被模型发现,就会被永久封号。同时消费者诚信数据模型还能构建 ID 之间的联系(类似知识图谱),换个账号重新恶评的现象能及时被发现并给予处理。为了更好地维护卖家利益,平台不仅会删除恶意差评师该次的恶意评价,也会清理其以往的差评。

 思考题

1. 网规的内涵与外延是什么?
2. 网规的特征是什么?
3. 网规产生的经济原因是什么?
4. 网络零售平台对卖家有哪些共同要求?
5. 网络零售市场有哪些技术监管方式?

第十章

网络零售市场治理

学习目标和要求

本章主要阐述了电商行业的痛点、电商行业治理现状和针对行业痛点的治理措施。通过本章学习,学生应达到以下目标和要求:

(1) 从不同角度了解我国电商行业痛点。

(2) 了解我国电商治理现状。

(3) 认识学习电商行业治理措施。

本章主要概念
BENZHANG ZHUYAOGAINIAN

国家治理 绿色发展 管制性工具 财政性工具 监督性工具

第一节 电商行业痛点

经历了早期的狂热与阵痛,我国的电子商务市场正在逐渐走向成熟与理性。如今,电子商务已不再是一种新兴商业模式,而逐渐成为一种常态走进或走近人们的生活。经过十多年的发展,电子商务对城市中青年用户的市场培育工作已经大体完成,网购已经成为一件很平常的事。电子商务给我们带来了极大的便捷,现在绝大多数人会使用网络购物的方式来购物。可以说电子商务极大地提高了效益和效率,与传统商务活动相比有极大的优势,同时也给电子商务各主体带来了问题和隐忧。

一、消费者痛点

（一）广告的负面影响

随着互联网营销的不断发展，各大电商之间开启了广告营销竞争，移动手机端客户每天能在手机页面看见数条广告，这些广告在给产品、商家增加曝光率的同时，也给消费者的日常生活带来了负面影响。

1. 广告疲劳

人们每天睁眼就会接触很多广告，并不断被在线广告轰炸，导致广告疲劳。人们开始对广告视而不见。但商家并不会放弃广告营销，反而不停地向消费者推送多样的广告内容，这会让消费者产生排斥心理。

2. 广告跟踪隐私

调查数据表示，80%的人认为现在的广告对隐私具有侵入性，他们被重定向的广告追踪。当你在电商平台看过一双鞋子，接下来几天都要被这双鞋子"追踪"，这只会让人感到不愉快。人们往往不是讨厌广告本身，而是讨厌隐私跟踪。

3. 产品信息真伪难辨

如今，商品信息真伪难辨已成为引起消费者选择困难的重要因素。线下购物时，消费者通过观感、触感、听觉、嗅觉和试用以及导购员的讲解了解商品，可以切身体验、感受商品性能。线上购物时，消费者看不到商品实体，只能通过商家提供的商品介绍和其他消费者提供的购物反馈来了解商品。随着电子商务的发展，电商之间竞争越来越激烈，商家为了提高自身产品在市场的竞争力，通过虚假广告进行商品推销，电商市场因此充斥着真假难辨的商品信息。在众多信息中，消费者很难分辨商家提供的商品信息的真伪，消费者挑选商品的难度增加了。

（二）支付问题

免密支付是指在使用手机支付的过程中，在授权额度内，直接通过扫码进行扣款的操作。开启付款码免密支付后，无须输入6位支付密码、指纹识别、面部识别等进行身份验证。免密支付在给消费者支付带来便利的同时，也带来了一定的隐患。首先，免密支付对用户的资金起不到完全的保障作用。在线下的购物过程中，一些人应该有切身体验，通过手机展示付款码，售货员通过扫码枪就能完成支付流程，提升了支付效率。可是一旦手机丢失，那么任何一个捡到手机的人都能自由对资金进行支配。其次，免密支付可能导致不必要的资金浪费。就拿目前的一些平台会员来说，开通之后，大家往往忘记了还有自动续费的存在。如果当下就将免密支付取消，那么就无法享受相应折扣。要知道人的精力毕竟有限，甚至有可能只是当下需要，下一个月就不需要了，然而大部分人都是收到扣费短信以后，才想起来自己开通了免密支付，原本可以省下的资金便浪费了。

（三）消费者权益维护难

1. 商家经营资格难以确认，消费者的知情权难以保障

由于网络的虚拟性，网上经营者不需要具备实体的店面、仓储设施及营业人员等。目前，大部分网上经营者没有办理注册登记，消费者无法真实获悉网上经营者的经营状

况、地址等基本信息；消费者在网上购物时，基本上对所购商品的品牌、性能、质量等一无所知，而只能以浏览网页的方式获得商品的相关信息。消费者在网络上获得的商品信息可能与实际见到的物体本身存在认知上的差别。网上经营者也经常利用与现实交易的这种差别进行虚假宣传或者隐瞒商品质量的真实情况。

2. 网上欺诈防不胜防，交易安全难以保证

商家网上欺诈有三种常见情形：一是消费者付款方式选择不当，交易过程中处于被动地位。目前网上购物的付款方式有网下付款和网上银行支付。网下付款，一般包括先付款后发货和货到付款。如果是先付款后发货，消费者很有可能得不到商品且无法追回货款。二是卖家提供虚假信息，骗取钱财。卖家在网上以低价销售商品为诱饵，先以特定银行账号骗取受害人付首笔购货款，紧接着以交货前必须交付保证金或以 VIP 卡等为名，诱骗受害人汇出第二笔及更多笔钱款。三是商家刻意夸大宣传，低价诱客。网上的物品价格大多低得超乎想象，实物图片的确非常精美，这些物品往往会吸收一些贪图小便宜的消费者。

3. 退换货困难，求偿权缺失

由于网络的虚拟性，网络使消费者购物范围和经营者销售半径无限扩大，一种无赖式的"售后服务"在网站上屡见不鲜，"反正你在南我在北，你在东我在西，你在电话那头着急、生气，我在电话这头一概不理"。这就是一些购物网站对消费者要求退换商品的态度。

（四）网上快递不尽如人意，遇到问题互相推诿

网络交易一般采取货到付款方式，由于网络公司和物流公司只是业务上的关系，消费者在收到货物时，必须先签字收货，后验货。在快递过程中产生的问题，消费者难以说清楚。如产生损坏或丢失问题，网上经营者和物流公司互相推诿，规避法律责任。

二、商家所处的困境

（一）电商运维成本高

电商运维成本包括店铺的获客成本、配送成本、软硬件成本、学习成本和维护成本，还有电商交易的安全成本（用于交易安全的协议、规章、软件、硬件、技术等措施的使用、部署、学习和操作）等，虽然电商通过网络直接销售越过了传统的经销层级，在价格上有优势，省去了实体店铺中房租这项大支出，也有成本优势，但随着行业竞争的加剧，电商的运营成本变得越来越大。为了流量，在营销推广上的费用也居高不下，获客成本比线下店还高，而仓储物流上的支出丝毫不比门店房租少。

（二）价格竞争激烈

很多淘宝网店，包括后面成为淘品牌的头部的店铺，之所以做得很好就是因为挨着货源地，能拿到很低的采购价。比如服装类目，做得好的店铺大多集中在杭州、广东、上海等有国内知名服装批发市场的地方。现在的电商行业，靠拼价格吸引客户、阻击对手，仍然是很多卖家开拓市场的撒手锏，更甚者演变成看谁亏得起的恶意竞争。上面讲的运维成本，加上平台的各种活动、补贴、低价让利，让小卖家的盈利空间被进一步压缩。

（三）复杂多变的平台规则

电商平台在复杂的规则下，最大限度地保证了相对的公平。电商让传统的线下店铺有了时间和空间上的多维延展，给很多人带来了新机会。然而，卖家从平台获得了流量和订单，但是同时也被平台"绑架"了，一切都要遵循平台的游戏规则，"生杀"大权掌控在平台手里。平台推出的活动，即便是赔钱也要参加，否则就没有流量倾斜，一些中小卖家只能充当"炮灰"。而且从平台花钱获得的流量，很难转化成自己的私域流量。现在，电商发展变化太快，淘宝和抖音每年都有新通道出现，细规更是每月都在变。

三、电商平台痛处

（一）产品质量问题

互联网越来越普及，极大地便利了人们的生活，不论是台式电脑端还是手机端，购物体验都越来越丰富多彩，中国电商市场正持续较快增长。然而，随着网购的普及，人们经常会发现，电商平台上有假货泛滥趋势。导致电商平台高仿、假货泛滥有以下三个原因：

（1）商家在网上发布产品信息不实。和传统买家与卖家面对面购物不同，网购存在一定的虚拟性。消费者对于电商平台的商品，只能通过视觉感观辨别好坏，而无法通过实际触摸和体验更直观地判断商品的使用价值。如今仿真技术越来越先进，消费者很难通过终端辨别真伪，因此消费者在网购中上当受骗的事例屡见不鲜。特别是存在质量问题的商品如果超过了退货时间，损失很可能由消费者自己承担。

（2）正品高价促使假货增多。一些国际知名品牌特别是来自国外的奢侈品，会被征收高额的关税，导致原本高价的商品价格更加高昂。这时一些黑心商家乘虚而入，抓住了消费者的需求，生产低价的假货，以低于专柜或者官方网站的商品价格出售，从而牟取暴利。

（3）部分电商平台低价促销。近年兴起了一种新的网购方式，那就是拼单购买，（而拼单购买的主要平台是拼多多）。由于拼单商品价格特别低，甚至低于商品的生产成本，因此拼单购买的商品的质量普遍不好。

（二）海外代购产品市场混乱

互联网时代信息互通，再加上经济全球化的大趋势的影响，人们对外国商品的消费逐年递增。据统计，2018 年中国人买入了全球 32% 的奢侈品。而这些商品在国外的价格比在国内价格便宜许多，因此近些年来海外代购这一新兴职业迅速发展起来。目前我国电商平台海外代购存在以下三点显著问题：

（1）海外代购商品质量参差不齐。最初兴起之时，海外代购的产品质量还是比较让人满意。但随着近年来海外留学生日益增多，加上代购能带来丰厚经济收益，越来越多的海外代购出现，也导致了各代购商进行低价竞争，代购的利润也大幅减少，从而以假乱真的现象也越来越多。

（2）假单据、发票现象严重。一些卖家以"代购"自居、销售的却是高仿商品。原本廉价的假冒商品只需要花些钱去购买假的购物凭证、发票等就能摇身一变成为"海外代购商品"。

（3）海外代购无法提供售后。海外代购的商品一旦出现质量问题，很难及时联系商家进行退换或者修理，而国内一些专柜也无法进行检修，类似的案例近年来也很常见，导致消费者无法保护自己合法的权益。

（三）"电商专供"存在乱象

现实生活中消费者购买商品有线上和线下两种方式。由于同种商品的实体店价格与网上价格相比较贵，应网络购物不断发展的需求，不少厂家都会专门为电商提供一些产品。这些产品与市面上销售的同种产品很相似，只是型号、编码或某个小功能减少或变更，消费者不仔细研究根本分辨不出来。我国"电商专供"乱象主要表现在以下三方面：

（1）线上低价劣质。特别是在"双11""618"等购物狂欢节，网络中各商家都在对商品进行大促销。许多商家打着"电商专供"的名义以低廉的价格来吸引消费者的购买。但是一些生产厂家趁机使用劣质低价的材料来降低生产成本，从而牟取暴利。很多商品外表看上去并无差别，但是内部的核心元件、零部件却存在"猫腻"，因而大大影响了产品的使用效果。

（2）线上线下"差别定价"。线上线下进行"差别定价"，使不同销售渠道的利润互补，又满足了互联网消费人群的多元化、个性化需求。但这其实大多是幌子。"电商专供"的商品质量与实体店的商品质量相差甚远，"差别定价"也只是商家获得暴利的借口与手段。

（3）线下以次充好。一些商家把"电商专供"的商品拿到商场专柜去卖，以和高质量商品相同的价格出售。因为外观上与高质量商品并无差别，所以消费者在购买时并不知道自己被"套路"了。

（三）产品价格乱象

随着电商时代的兴盛，越来越多的商家方入驻电商平台，时间一久，暴露出来的问题就较多，特别是平台卖家低价乱价售卖产品的现象日益严重，不仅误导消费者，还给品牌方带来了各种不利影响。电商平台乱价的主要原因有以下三点：①电商平台准入门槛较低，人人都能开店。随着店铺越来越多，竞争日渐激烈，因此卖家只能通过打价格战来巩固店铺的流量和销量地位，尽可能地低价多销。②部分经销商受利益驱使，将产品销往经销范围外，构成串货行为，使得电商平台出现越来越多的侵权乱价卖家。③低价乱价行为从法律上来说不属于侵权违法行为，电商平台对这方面并没有强制规定，所以大部分卖家无所畏惧，侵权乱价屡禁不止。

四、电商行业痛点

（一）人才培养不足

当前，大多数电子商务教师是从计算机、网络、管理、营销或其他专业转移而来的，其知识储备大多来自已出版的电子商务书籍，不够系统、深入，再加上很多教师没有电子商务实务的经验，他们在从事电子商务教学时就力不从心。由于缺乏对电子商务的广泛、深入的了解，课程设置的随意性很大，其问题主要表现在两个方面：一是将现有的有关技术和商务方面的课程简单堆砌在一起，缺乏有机结合的系统特性；二是强于书本而弱于实务，缺乏必要的案例教学。此外也存在培养方向模糊的问题。许多培养单位甚至不能很清楚地说出其培养的电子商务人才将来究竟能够具体从事什么工作，或者培养目标过于宽泛，试图培养出"万能"的电子商务人才。如前所述，这是非常不现实的。

（二）物流配送体系不完善

电子商务配送的供给主要来自为电子商务提供配送服务的专业化物流和配送企业。近几年来，在"物流热"的推动下，我国的外资物流企业和本土物流企业都得到了迅速发展。企业依托各自的优势，正在积极开拓电子商务配送领域。但从目前的情况看，传统物流企业转型才刚开始，新兴物流企业还没有形成规模。真正拥有可以信任的品牌、庞大的物流网络、先进的管理体制、高素质的人才队伍和丰富的运作经验的龙头企业尚未出现。现有的配送供给在地域、速度、效率、准确度、价格、服务水平等方面与电子商务的要求还有较大的差距。我国目前的配送能力仍然较为低下，特别是"最后一公里"的末端配送几乎是空白。

（三）信息安全及相关法律法规不健全

我国信息安全研究经历了多种发展阶段，通过学习、吸收、消化等手段，逐步掌握了部分网络安全和电子商务安全技术，进行了安全操作系统、多级安全数据库的研制探索。但由于系统安全内核受控于人，以及国外产品的不断更新升级基于具体产品的增强安全功能的成果，难以保证没有漏洞。在学习借鉴国外技术的基础上，国内一些部门也开发研制了一些防火墙、安全路由器、安全网关、黑客入侵检测、电子商务安全交易系统、CA认证机构和部分核心密码算法等。但是，这些产品安全技术的完善性、规范化、兼容性和实用性还存在许多不足，理论基础和自主的技术手段需要发展和强化。

（四）社会信用体系不完善

电子商务作为虚拟经济、非接触经济，如果没有完善的信用体系作保证，生存和发供应链金融将十分困难；同时，个人和企业的交易风险都将提高，买家付款后不能及时得到商品，卖家卖出商品不能保证收到货款，商品质量问题、网上重复拍卖等等，都难以避免。目前我国电子商务主要采取四种较为典型的信用模式，即中介人模式、担保人模式、网站经营模式和委托授权模式，但都存在一些不足。

第二节　电商市场治理现状

一、国家治理概念

党的十八届三中全会通过的《中共中央关于全面深化改革若干重大问题的决定》，推进国家治理体系和治理能力现代化。这里第一次把国家治理体系和治理能力与现代化联系起来，着眼于现代化，并以现代化为落脚点，揭示了现代化与国家治理密切的内在关系。国家治理离不开现代化，现代化构成国家治理的题中应有之义。"国家治理体系和治理能力现代化"的形成和提出，是中国共产党高度重视现代化、不断求解现代化的结果，也是中国共产党认识现代化的最新成果，堪称现代化的"第五化"。

2021年第一季度，我国政府加快推进统筹协调推动新冠疫情的防治常态化、加强区域经济社会协调发展等各项工作深入开展，已经基本取得了积极的成效，网上零售市场保持快速增长。国家统计局的数据报告显示，一季度全国网上消费的零售额达2.81万亿元，同比增长29.9%，两年平均增长13.5%。

为了规范市场，并使消费升级，提高质量和优化服务，国家相关部门合理控制和打击电商行业的不合理行为，通过规定来营造一个好的电商氛围，同时推进商业技术和商业模式的研发，带给人们新的思想观念。

（1）电子商务法：该法规定了电子商务经营者的权利和义务，明确了电子商务交易的法律地位，规范了电子商务市场秩序；鼓励了电子商务新业态发展，创新了商业模式；促进了电子商务技术研发和推广应用，推进了电子商务诚信体系建设，营造了有利于电子商务创新发展的市场环境，填补了电子商务行业的法律空白，明确了电商平台的义务，规范了电子商业行为。

（2）电商平台规范管理办法：该办法规定了电子商务平台的管理要求，包括平台经营者的资质要求、平台服务规范、信息披露要求等。通过分门别类地梳理相关法律法规，对电子商务法等法律法规中的原则性规定进行细化，着力解决管理规定分散、法规细化不够的问题，为电商平台管理提供完整制度框架，为电商平台全面落实主体责任提供操作指引。

（3）网络交易管理办法：该办法规定了网络交易的基本规则，包括交易双方的权利和义务、交易信息的真实性和合法性、交易纠纷的处理等。同时包含了对网络交易主体、客体和行为三方面的规范，涵盖了通过互联网（含移动互联网）销售商品或提供服务的全部经营活动，包括为网络商品交易提供第三方交易平台、宣传推广、信用评价、支付清算、物流、快递、网络接入、服务器托管、虚拟空间租用、网站网页设计制作等各类营利性服务。

（4）消费者权益保护法：该法规定了消费者的权利和义务，保障了消费者的合法权益，包括对商品质量、服务质量、价格等的规定。

（5）价格法：该法规定了价格的基本原则和规则，包括价格公示、价格欺诈、价格垄断等。它是制定价格和管理监督物价的法律依据，在社会主义国家，则是以立法手段保证国家的价格方针、政策的贯彻执行，并通过价格监督对违反价格政策、价格纪律的行为进行制裁的法律根据。

（6）垃圾邮件管理办法：该办法规定了垃圾邮件的管理要求，包括垃圾邮件的定义、禁止发送的内容、发送者的责任等。

政府治理工具：以市场为核心的治理工具和机制、财政性工具与诱因机制、管制性工具与权威机制、政府直接生产或者提供公共产品与非市场机制。这些治理工具各有所长，也各有所短，在不同的社会历史条件下，政府应根据本国的国情，灵活地加以选择、组合和运用，实现优势互补和协调发展。

国务院常务会议上指出，缩小城乡差距是我国发展巨大潜力所在，通过大众创业、万众创新，发挥市场机制作用，加快农村电商发展，把实体店与电商有机结合，使实体经济与互联网产生叠加效应，有利于促消费、扩内需，推动农业升级、农村发展、农民增收。

二、我国电商市场治理措施

（一）法律法规

规范直播电商的主要途径，还是做好现有涉及直播电商的多部法律法规之间的协调，打造高效准确的直播电商治理法律体系。2021年4月，中央部委出台《网络直播营销管理办法》，这是我国在健全直播电商监管规范法律体系中的重要举措。直播电商虽然是在网络社交领域的别样呈现，但其在直播间中是有对商品进行营销推广的行为的。直播电商的本质还是商品广告，符合广告法对商品广告的定义，所以在直播电商交易中发生争议时，商家、消费者甚至执法者，首先参考的都是广告法的各项规定。

（二）信用惩戒

随着直播电商的日益发展壮大，信用也应该成为行业的准入门槛之一。部分当网红主播拥有大量粉丝，干的却是"收割"流量、"赚快钱"的事时，将个人信用与直播权限相结合，是直播电商信用惩戒相关制度设计的一个出发点。2021年8月，商务部就《直播电子商务平台管理与服务规范》向社会公开征求意见。征求意见稿提出"对直播营销人员服务机构、主播以及商家等建立信用评价体系，信用评价信息宜在平台进行公示"，从而引导和促进电子商务平台经营者依法履行主体责任，营造良好的电子商务消费环境。征求意见稿针对互联网虚拟性特点明确提出直播主体"不应是曾在虚假广告中作推荐、证明受到行政处罚且未满三年的自然人、法人或者其他组织"。这些惩戒措施将对直播电商行业中存在夸大宣传和虚假宣传等问题的相关主体起到极大震慑作用。信用的公开和共享是诚信联合惩戒机制的基础，主播、商家和直播服务机构的失信行为既要让社会大众看到，也要通过信用共享机制被各个平台看到。一方面，让消费者的口碑和评价成为直播行业的指针。另一方面，有必要建立联合惩戒机制。对直播平台来说，应结合主播的信用等级，提供与之相适应的监管等级和权限，确保消费者的正当评价权利并纳入直播评价系统，同时在技术上确保信用等级和消费评价公开透明。《优化营商环境条例》旨在切实改善营商环境，减轻企业负担，降低小微企业及个体工商户的营商成本，给企业创新创业带来更多机会，促进投资便利化和社会融资租赁活跃化，为全面建成小康社会、实现中华民族伟大复兴的中国梦提供更加有力的支撑。

（三）鼓励政策

2015年2月1日，2015年中央一号文件《关于加大改革创新力度加快农业现代化建设的若干意见》（简称《意见》）正式发布。《意见》指出，推进农村金融体制改革，要综合运用财政税收、货币信贷、金融监管等政策措施，推动金融资源继续向"三农"倾斜，确保农业信贷总量持续增加、涉农贷款比例不降低。同时，支持银行业金融机构发行"三农"专项金融债，鼓励符合条件的涉农企业发行债券。围绕建设现代农业，加快转变农业发展方式；围绕促进农民增收，加大惠农政策力度；围绕城乡发展一体化，深入推进新农村建设；围绕增添农村发展活力，全面深化农村改革；围绕做好

"三农"工作，加强农村法治建设。

《中共中央国务院关于深化供销合作社综合改革的决定》提出：拓展供销合作社经营服务领域，更好履行为农服务职责；推进供销合作社基层社改造，密切与农民的利益联结；创新供销合作社联合社治理机制，增强服务"三农"的综合实力；加强对供销合作社综合改革的领导。

《关于大力发展电子商务 加快培育经济新动力的意见》提出，坚持依靠改革推动科学发展，主动适应和引领经济发展新常态，着力解决电子商务发展中的深层次矛盾和重大问题，大力推进政策创新、管理创新和服务创新，加快建立开放、规范、诚信、安全的电子商务发展环境，进一步激发电子商务创新动力、创造潜力、创业活力，加速推动经济结构战略性调整，实现经济提质增效升级。

《"互联网流通"行动计划》推动电子商务进农村，培育农村电商环境；加快电子商务海外营销渠道建设，助力电商企业"走出去"；支持电子商务进中小城市，提升网络消费便利性；推动线上线下互动，激发消费潜力；促进跨境电子商务发展，拓展海外市场；鼓励电子商务进社区，拓展服务性网络消费范围。

三、我国政府跨境电商市场治理措施

2022年6月22日召开的国务院常务会议指出，下一步要完善跨境电商发展支持政策，扩大跨境电商综合试验区试点范围，优化跨境电商零售进口商品清单；鼓励传统外贸企业、跨境电商和物流企业等参与海外仓建设，提高海外仓数字化、智能化水平；支持综合保税区、自贸试验区内企业开展保税维修，支持有条件的地方发展离岸贸易。国家层面跨境电商行业发展目标解读如表10-1所示。

表10-1 国家层面跨境电商行业发展目标解读

发布时间	规划名称	发展目标
2021年9月	《国企电子商务创新发展行动计划》	推动跨境电商协同发展
2021年9月	《"十四五"电子商务发展规划》	倡导开放共赢，支持跨境电商和海外仓发展
2021年7月	《"十四五"商务发展规划》	推动外贸创新发展，开展跨境电商"十百千万"专项行动、规则和标准建设专项行动、海外仓高质量发展专项行动等，到2025年，使跨境电商等新业态的外贸占比提升至10%
2021年7月	《国务院办公厅关于加快发展外贸新业态新模式的意见》	在全国适用跨境电商B2B直接出口、跨境电商出口海外仓监管模式，便利跨境电商进出口退换货管理，优化跨境电商零售进口商品清单，扩大跨境电商综试区试点范围；到2025年，力争培育100家左右的优秀海外仓企业，并依托海外仓建立覆盖全球、协同发展的新型外贸物流网络
2021年3月	《中华人民共和国国民经济和社会发展第十四个五年规划和2035年远景目标纲要》	加快发展跨境电商，鼓励建设海外仓，保障外贸产业链供应链畅通运转

资料来源：根据前瞻产业研究院材料整理。

国家对跨境电商扶持的整体方向为：鼓励金融机构对有订单、有效益的外贸企业贷款；完善加工贸易政策，综合运用财政、土地、金融政策，支持加工贸易向中西部地区转移；支持企业建立国际营销网络体系，鼓励企业建立境外服务保障体系；开展并扩大跨境电子商务、市场采购贸易方式和外贸综合服务企业试点；降低出口平均查验率，加强分类指导。

四、我国电商治理特征

（一）保障并支持电子商务创新发展

创新是引领发展的第一动力。《中华人民共和国电子商务法》（以下简称《电子商务法》）自起草之初，就把"坚持促进发展"摆在工作原则的首位。最终通过的《中华人民共和国电子商务法》文本中，除了将"促进电子商务持续健康发展"作为立法的重要目的写入法律第一条，还设专章规定电子商务促进的法律制度：规定适应和促进电子商务发展的产业政策；将有利于电子商务创新发展的市场环境和有关机制建设以法律的形式确定下来；明确了符合电子商务发展需要的监管原则、治理体系和监管机制；规定建立促进跨境电子商务发展的制度机制；鼓励平台创新业务内容、提供多元服务。

（二）保护用户及消费者权益

健康可持续发展的电子商务必然是保护用户和消费者权益的。《电子商务法》在起草过程中，也是一直坚持以人民为中心的思想，把用户和消费者的权益放在首要位置：系统、全面地规定电子商务经营者保护用户和消费者权益的义务；为规制电子商务平台经营者可能滥用的平台资源"私权力"，有针对性地设定平台义务和平台责任；明确规定国家维护电子商务交易安全，保护电子商务用户信息。

（三）规范电子商务行为

在电子商务发展和监管过程中，电商平台都是非常关键的主体。如果说网络 1.0 时代的特征是去中心化，那么在平台经济的网络 2.0 时代，最突出的特征就是围绕各类平台的再中心化。《电子商务法》制定者深刻把握了这一规律，把电商平台作为一类特殊主体在法律中做出规定。除了围绕其设定相应平台义务和平台责任外，在网络综合治理体系中发挥好电商平台的优势也是《电子商务法》的重要着力点。注重平台服务协议和交易规则在规范电子商务行为中的关键作用，对以平台规则为核心的平台治理机制做出明确规范；让电商平台参与或协助监管；明确建立以电商平台为关键节点的知识产权保护规则。

（四）绿色发展

《电子商务法》落实生态文明入宪的新要求，多处就电子商务绿色发展做出规定：明确国务院和县级以上地方人民政府及其有关部门应当采取措施，支持、推动绿色包装、仓储、运输，促进电子商务绿色发展；规定电子商务经营者要履行环境保护义务，销售的商品或者提供的服务应当符合保障人身、财产安全的要求和环境保护要求；要求快递物流服务提供者应当按照规定使用环保包装材料，实现包装材料的减量化和再利用。

第三节 电商市场治理对策

一、管制性工具

（1）对价格的管制。这一管制常体现为对物价及工资制定最高（低）限制。为保证这一限价措施发生效力，还可以伴有对相应商品的数量配给措施。

（2）对金融市场的管制。这一管制的主要形式是对各种利率制定界限，对贷款及资金的流出入数量实行限额控制。

（3）对进出口贸易的限制。这包括对不同商品的有区别的关税措施、各种非关税壁垒如进口配额、进出口许可证等。

（4）对外汇交易的限制。对外汇交易的限制主要有三部分内容：一是对货币兑换的管制；二是对汇率的管制；三是对外汇资金收入和运用的管制。

二、财政性工具

政府通过财政性工具如税收调节、财政支出、财政投资、财政转移支付、购买性支出、发行国债等工具来调节电商市场，维持电商经济的稳定发展。

在当前外贸发展的复杂形势下跨境电商以其线上交易、非接触式交货、交易链条短等特点在外贸增长中发挥着独特的优势。数据显示，2022 年我国跨境电商进出口额为 2.11 万亿元，同比增长 9.8%，高于整体外贸增速 2.1 个百分点。

商务部研究院电子商务研究所副研究员洪勇在接受记者采访时表示跨境电商能够有效地降低贸易成本，还有助于消费者购买到更多的优质商品。跨境电商在政策支持下成为稳外贸、促消费的重要抓手。

为贯彻党中央、国务院关于推动跨境电商等新业态新模式加快发展的决策部署，财政部、海关总署、税务总局联合发布《关于跨境电子商务出口退运商品税收政策的公告》（以下简称《公告》），降低跨境电商企业出口退运成本，积极支持外贸新业态发展。

《公告》规定，对自本公告印发之日起 1 年内，在跨境电子商务海关监管代码（12109610、9710、9810）项下申报出口，且自出口之日起 6 个月内因滞销、退货原因原状退运进境的商品（不含食品），免征进口关税和进口环节增值税、消费税；出口时已征收的出口关税准予退还；出口时已征收的增值税、消费税，参照内销货物发生退货有关税收规定执行；已办理的出口退税按现行规定补缴。

杭州市 2023 年初出台了推进跨境电商高质量发展的专项政策，用"真金白银"鼓励企业发展。政策明确，鼓励各类经营主体开展跨境电子商务业务，引导传统外贸和制造企业实现在线化发展、数字化转型。对通过应用独立站开展跨境电商出口业务的企业，给予不超过 200 万元的一次性资金扶持；对跨境电子商务交易平台每年给予不超过 100 万元的资金扶持。同时 2023 年中央财政衔接推进乡村振兴补助资金 1485 亿元，支持地方政府提前谋划 2023 年巩固衔接工作，重点聚焦产业发展，增强脱贫地区和脱贫群众内生发展劳动力。

三、监督性工具

电商平台由国家工信部监管，在日常的监管中涉及监管部门主要有以下几个：工商行政管理部门、质检部门、税务部门、网络监管部门、金融监管部门以及海关、公安等。虽然电商平台的监管是由多个部门共同负责，但在实际操作过程中，不同部门之间的界定并不完全明确。例如，跨境电商贸易中就需要海关，税务共同协作。

思考题

1. 面对现在的网络零售环境，商家应该怎么做？
2. 在网络购物中，作为消费者的我们如何维护自己的合法权益？

延伸阅读

随着互联网的普及程度越来越高，淘宝开店的门槛越来越低，所以大量的商家涌入淘宝网。各家店铺的竞争越来越激烈，为了保持竞争优势，很多店铺不得不逐步降低售价，导致利润不断缩水。以"小芳之家"为例，从2010年以前，衣服平均利润大概有50%左右，一些畅销款的利润甚至能超过100%。但从2010年6月开始，淘宝商家越来越多，尤其是服装淘宝店更是飞快增加，同时很多小型服装企业也盯上了淘宝这块大蛋糕。所带来的直接后果就是服装淘宝店的生意被迅速分流，为了保持销售量和每个月的利润，"小芳之家"不得不开展各种促销活动，致使服装利润逐步下降，每月的纯收入也逐步下滑。到2016年的"双11"，部分商品甚至由最初的248元降到历史低价59元。

随着竞争压力的增加，原始的推广模式不再奏效，各店铺纷纷开始购买流量，为企业做广告，做各种让利促销，吸引更多的顾客。淘宝推出的关键词搜索和竞价排名等推广手段，购买同行销售数据，开展各种促销活动，导致店铺的经营成本急剧增加。"小芳之家"在2015年和2016年花费了大量的推广费用，但是销售量并没有太大的增长，大量的费用用在了广告中，并没有获得多少利润。一件商品除了原本的进价成本以外，还多了软成本和硬成本，硬成本包括包装成本、物流仓储成本、天猫扣点、税收、拍摄制作费、人工成本、办公成本、平台年费等，软成本包括站内广告、淘金币抵扣、手机专享折扣和各种服务费等。往往硬成本和软成本的和比一件产品的毛利润还要多，商品得亏钱销售。店铺成本的大幅提高是目前大多淘宝店铺的主要问题。由于监管不严，行业门槛较低，大量的假冒伪劣产品以低价对正常店铺造成了巨大的冲击。以前的淘宝店找到一个很独特的货源往往可以出奇制胜，得到一个非常不错的销量。但是如今随着淘宝店铺竞争的不断加剧，技术手段不断提高，你上架一个货物一旦有大卖的苗头，别人就能立刻进行复制，以比你低的价格销售，再开通直通车做个其他广告推广，排名马上就升上去了，导致你辛辛苦苦找到的爆款变成了他人的垫脚石。

（文章来源：百度文库，《淘宝商铺面临经营困境的案例报告》）

第十一章

网络零售技术经济原理

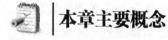

学习目标和要求

本章主要阐述网络零售的技术原理的概念、发展、趋势及其管理，包括边际效用递增、规模效应、范围经济、长尾理论在内的网络零售经济原理和电商平台系统构成、"云—网—端"技术、流媒体技术、流量分配技术、防黑客技术在内的网络零售技术原理。通过本章的学习，学生应达到以下目标和要求：

（1）知道并解释网络零售交易实现的支撑技术。

（2）能建平台或开发小程序，在平台上开网店、进行直播带货或做菜鸟店主等。

（3）能通过网络零售找到业务、工作、创业点、挣到钱。

本章主要概念

网络零售技术　边际效用递增　规模效应　长尾理论　"云—网—端"技术

一、网络零售技术原理的概念

网络零售技术原理，是指支撑网络零售全过程正常运转所运用的技术原理，主要包括平台、信息、支付、物流以及其他技术原理。

网络零售运用移动互联网等技术，支撑网络零售平台的正常运转，展示网络零售商品信息、实现网络零售交易；通过云计算、大数据、Wi-Fi 等技术，提供供需信息，了解消费者消费偏好，进行用户画像，预测其消费趋势，进行精准推送，提供相应的产品、服务，提高网络零售交易的可能；通过数字支付进行网络零售的支付过程，包含仓储技术、分拣技术、配送技术等环节的支付、物流技术，详细内容在第三、四章介绍过，在此不做赘述。

二、网络零售技术发展、现状及发展趋势

（1）网络零售技术的发展：网络零售技术从过去较为单一发展为现在较为多元，如信息技术、支付技术较过去更加多元，达到更能契合消费者的个性消费的目的，消费者能运用多种支付方式达成网络零售交易。网络零售技术从过去的无规律发展转变为现在的专业化发展，如物流技术由快递取件发展为自助取件，再发展出无人配送。网络零售技术向着便民化发展，为消费者提供便利，提升消费者体验，从而增强企业核心竞争力。网络零售技术促成多渠道化，网络零售技术发展，使网络零售由 PC 端为主导转变为以移动端为主导，直播平台、社交平台也兴起了网络零售。

（2）网络零售技术的现状：网络零售技术多元化、专业化、便民化、多渠道化。

（3）网络零售技术的发展趋势：网络零售技术将持续向多元化发展，以达到满足更多消费者的个性化需要的目的；网络零售技术将持续向专业化发展，以达到提升网络零售的效率的目的；网络零售技术将持续向便民化发展，以达到增强企业核心竞争力的目的。

三、网络零售技术的管理

1. 网络零售政府规制

我国于 2016 年颁布的《中华人民共和国网络安全法》促进我国网络治理法治化，逐步建立较完整的法律体系，加强对公众号、直播带货等领域的不文明问题、虚假信息问题、向消费者过度索权问题的治理。平台运营者对平台的规范管理需配合国家网络治理方针。

2. 网络零售消费者信息管理

消费者在使用网络零售进行交易时，面临着个人信息泄露的风险，加强个人信息保护对网络零售的发展有着至关重要的作用。部分网络零售平台有非法采集消费者个人信

息、滥用消费者个人信息如大数据"杀熟"、贩卖消费者个人信息等行为，给消费者带来不良网络零售交易体验，也给网络零售的发展带来不良影响。

第二节 网络零售经济原理

一、微观经济原理

微观经济学将单个的经济主体作为研究对象，研究如何解决人的欲望的无穷性和社会资源的有限性的矛盾而产生的配置问题。

通过网络零售平台，销售者和消费者能更加便利地获得商品需求与商品供给的信息，做出经济决策，能自觉按利益最大化原则行事，从而调节社会资源配置，使市场实现供求均衡状态。

微观经济学的基本内容为：价格均衡理论、消费者行为理论、生产理论、分配理论、一般均衡理论与福利经济学、市场失灵与微观经济政策。

二、宏观经济原理

宏观经济学是以国家的整体经济活动为研究对象，研究与政府有关的经济总量调节的决定，从而达到纠正市场机制的缺陷的目的，使社会资源达到最优配置和充分利用。

近年来，国家出台一系列政策支持网络零售的发展，商务部发布的《2022 年中国网络零售市场发展报告》分析了 2022 年中国网络零售市场发展情况和趋势，认为中国网络零售市场规模有希望进一步扩大。

宏观经济学的基本内容为：国民收入核算理论、国民收入决定理论、货币供求原理、失业与通货膨胀理论、经济周期理论、经济增长理论、宏观经济政策、开放经济理论。

三、边际效用递增原理

边际效用是指在生产过程中每增加一单位的产出所带来的收益的增减量，边际效用随着生产规模的扩大呈现出不同的趋势。一般情况下，随着生产规模的扩大，边际效用先扩大，称为边际效用递增；而后边际效用保持不变，称为边际效用不变；在此之后边际效用减少，称为边际效用递减。边际效用递减规律在经济生活中较为普遍。

网络零售经济目前正处于边际效用递增阶段。优于网络零售交易主体锁定、网络零售交易信息具有传递效应，网络零售的边际成本随网络规模的扩张呈递减趋势。依据麦特卡夫定律，网络价值同网络用户数量的平方成正比，即 N 个联结能创造 N^2 的效益。

四、规模经济效应

规模经济效应是指生产企业在提高产量时，随着产量的增加，单位产品生产成本下降的现象。由于单位固定成本与生产数量成反比关系，随着产量增加，单位固定成本下降，单位成本下降。网络零售中，生产企业产量增加会带来规模经济效应。

随着企业生产规模扩大带来的运营效率提升，规模经济效应甚至会使平均可变成本随着产量的增加而下降。随着网络零售平台的用户数量的不断增长，由于其固定成本不便以及消费者之间的宣传带动，网络零售平台的平均获客成本不断下降。

五、范围经济原理

范围经济是指生产企业通过扩大其经营范围，增加其生产产品的种类从而使单位成本降低的现象。范围经济能为企业带来众多竞争优势：生产成本优势，使生产变动成本降低，形成成本领先优势；差异化优势，能满足消费者多样化、个性化的需求；市场营销优势，利用原有的品牌优势以及渠道销售多种产品，降低营销费用。

范围经济与规模经济有区别，范围经济是指基于同一核心专长领域的技术，生产种类多样化的产品，带来各种产品的费用降低、效益提高，获得经济性的现象。

网络零售中，生产企业常常增加产品种类，生产运用同一核心技术的差异化产品，运用其原有的销售渠道以及品牌优势销售商品，降低了各个环节的费用。

六、长尾理论

长尾理论是指随着信息技术发展，打破传统的物理局限性，消费者的个性化需求逐渐显现，生产者乐于生产需求、利润较高的非主流产品，从而推动供需曲线向需求较小的长尾市场延伸，如图 11-1 所示。

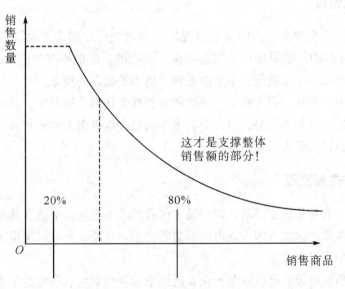

图 11-1　长尾理论

通过网络零售的网络信息以及生产技术的创新，网络零售商可以合理运用长尾理论，满足消费者个性、小众的需求，创造市场规模，开创面向个性化的商业经营模式。过去厂商只注重销量高、受众广泛的市场，但销量和需求不高的产品所占据的市场的份额可以和主流产品的市场份额相比，甚至大于主流产品的市场份额。

七、路径依赖原理

路径依赖原理表明在外部偶然性事件的影响下，经济主体会沿一定的路径发展演进，很难被其他潜在的甚至更优的路径替代，即经济主体目前的选择在很大程度上依赖其过去的选择。

当消费者、商家经常使用某一网络零售交易平台进行网络零售交易，就不太愿意换另一交易平台进行网络零售交易，即使这一路径并不是最高效、成本最低的，但因为更换网络零售交易平台将面临重新适应、原有交易信息丢失、累积交易诚信数据丢失等诸多问题，而不愿更换交易平台。

八、双边市场原理

双边市场是指一个或多个能实现用户最终交易的平台，平台运用适当的方式向交易各方收取一定费用。双边市场包含一个共享库存模型以及两个利益相关方，网络零售中常为网络零售交易的买方和卖方，在交易双方达成交易后收取相应费用，现在的网络零售平台大多仅向卖家收取单边费用，但如提供相亲服务的网站，既向女方收费，又向男方收费。

网络零售平台建立双边市场的重点是吸引消费者的有效需求。在双边市场建设初期，网络零售平台常常通过各种优惠活动吸引消费者加入该平台、在该平台上消费。

九、马太效应

马太效应是指在现实生活中常常出现的"强者更强、弱者更弱"的现象。马太福音曾提到，"凡有的，还要加给他叫他多余；没有的，连他所有的也要夺过来"。马太效应用于解释经济学中反映优势企业能得到得更多的收入的现象。

网络零售中，平台、卖方在某一或某些方面拥有优势，如资本、品牌优势、成本优势等，就会产生一种积累优势，因而会有更多的机会取得更大的成功或进步，形成头部企业，且对潜在进入者形成进入壁垒。

十、经济垄断原理

经济垄断一般是指卖方垄断，即市场上仅有该卖方企业，消费者只能通过这一个卖方购买其所需商品，该卖方即为该市场的垄断企业。垄断企业可以决定垄断产品市场价格，也可以控制市场供应量。

经济垄断形成的原因有行业龙头企业已经形成规模效应、潜在竞争者进入该行业进入壁垒较高、垄断企业控制着重要原材料市场、垄断企业垄断专利等。

如今我国的网络零售正处于"百花齐放"阶段，较少出现经济垄断现象，不论是网络零售平台，还是网络零售企业，均有较多选择，市场竞争也较为有序。

一、电商平台的系统构成

电商平台最早出现在 20 世纪 90 年代末，随着电商技术的发展和业务运营的精细化，电商系统日渐完善，由几十甚至上百个系统协同架构而成。本节旨在普及电商平台的核心架构。

整个电商平台系统按照离用户的远近可分为前台系统、中台系统和供应链体系。目前比较常见的结构是小前台、大中台的架构。前台负责业务行为的呈现和用户的操作交互，强调创新、多变；中台负责提供各种业务支撑能力以及管理流程，强调规划控制和协调的能力；而供应链则属于业务落地的基础保障，属于相对标准化的流程，现已经比较成熟。

1. 前台系统

前台系统主要指用户端和相关的 API 接口，为用户在平台上购买服务或商品提供技术支持。其核心的模块是用户的购买流程和个人资产管理，其中购买流程包括售前、售中和售后 3 个环节，个人资产管理包括个人信息、个人资产等信息的管理。前台系统大多由页面构成，业务上灵活多变，表现形式主要包括 App、H5、微信小程序和 PC 端等几种形式。

2. 中台系统

中台系统主要负责支撑业务运转，它包括业务运营、线上商品管理、销售支撑和基础服务等。一些系统在平台搭建初期可以作为功能模块耦合在其他系统中，后期根据业务和资源的需求逐步拆分成独立系统。

3. 供应链体系

供应链体系主要负责对实物商品的供应链管理，传统意义上的供应链管理包括计划、采购、制造、配送和退货五大基本内容。

二、网络零售的技术支持

1. "云—网—端" 技术

云，是指云计算以及用以支撑云计算的基础设施及资源。云计算是用来计算海量复杂的网络数据的技术，也可以说云计算是专门处理大数据的技术。各种各样的信息在云计算中心汇聚，然后根据需要进行处理和分流。目前只有少数的大型互联网公司才有云，如阿里云、百度云、腾讯云等。

网，即网络，通常指互联网。目前互联网可分为三个层级。底层是电信网络，由电信运营商构建和运营；中间层是计算机及硬件终端网络，由网络通信设备公司及生产计算机、手机等各种硬件终端的企业提供产品和技术支持；最上面一层是用户及节点网络，即由账号及 IP（internet protocol，网络协议）组成的网络。

端，即终端。终端可分为硬件终端和软件终端。硬件终端就是计算机、手机、各种传感器及交互终端等，软件终端就是各种 App、网页登录界面、软件终端程序等。

云、网、端是一个相互融合的整体。从三者的发展历程来看，先是有端，然后端连接成网，网酝酿出云。而在实际的发展中，网络技术的成熟和普及反过来推动了计算机及各种终端的发展，而云计算的发展又反过来推动了网络的智能化。

2. 流媒体技术

所谓流媒体是指采用流式传输的方式在网络上播放的媒体格式。流媒体，又叫流式媒体，是边传边播的媒体，是多媒体的一种。边传边播是指媒体提供商在网络上传输媒体的同时，用户一边不断地接收并观看或收听被传输的媒体。流媒体的流指的是这种媒体的传输方式，而不是指媒体本身。

流媒体的出现极大地方便了人们的工作和生活，也在很大程度上促进了网络零售的发展。流媒体技术大大缩短了消费者在电商平台上读取商品图片、视频或音频信息的时间，同时使直播带货等网络零售方式成为可能，现广泛应用于电子商务、在线直播、网络广告等领域。

3. 流量分配技术

商品在网络上上架之后就需要流量，了解流量是什么、有哪些分类，以及流量分配逻辑，有助于网络零售者进行流量布局，在全渠道各平台进行引流。

流量就是消费者点击页面带来的访客数。以平台为维度，每个平台都有自己的流量，比如淘宝、拼多多、抖音、快手、京东、得物、小红书、唯品会等。这些电商平台与品牌、商家一起，满足消费者的购物需求。以入口为维度：每个平台都有流量入口，如淘宝、拼多多、抖音、京东的关键词搜索，淘宝、拼多多、抖音、京东平台的流量推荐等。

流量分为免费流量和付费流量。同时，免费流量又分为免费搜索流量和免费推荐流量，付费流量又分为付费搜索流量和付费推荐流量。

免费搜索流量分配主要是指消费者搜索关键词后，平台优先展示谁的产品。搜索展示的优先级主要取决于产品与搜索词的匹配度、人群标签的匹配度和产品的权重综合指标。

免费推荐流量分配主要是指消费者浏览页面时，平台把谁的产品推荐给消费者。其推荐展示主要取决于用户的浏览习惯，用户的标签和商家产品或者店铺标签的匹配度，产品的点击率、转化率、销量及 DSR（detail seller rating，卖家服务系统）评分等权重综合指标。

付费搜索流量分配与免费搜索流量分配的逻辑是一致的，但付费搜索流量通过付费购买某个词的展示位置。其平台展现取决于三点：第一是产品与搜索词的出价、相关性等的匹配，包括标题、属性等；第二是产品的权重指标，包括点击率、收藏率、销量、转化率、加购率、DSR 评分等；第三是竞争对手的出价、产品权重、质量得分、相关性等。

付费推荐流量分配与免费推荐流量分配的逻辑是一致的，但付费推荐流量通过购买某类人群或者某个资源位获取流量。

商家在任何一个平台都需要靠产品获取流量。商家通过免费流量获得曝光,增加产品的权重指标,同时结合付费流量,获得更多的展现和曝光。若产品各方面指标都很好,就能通过付费流量撬动免费流量,如此循环,打开产品和店铺的流量渠道。

4. 智能推荐技术

智能推荐是互联网发展到现阶段的必然选择,它已经深度影响了人们在互联网上获取信息的方式与内容。不同的用户在相同的平台看到不同的内容,就是智能推荐计算的结果。

推荐系统是指把用户模型中兴趣需求信息和推荐对象模型中的特征信息相匹配,同时使用相应的推荐算法进行计算筛选,找到用户可能感兴趣的推荐对象,然后推荐给用户。换句话说,智能推荐能把信息投递给需要此信息的用户。

推荐系统基于用户的静态属性与用户行为数据进行信息匹配,用户的显性行为和隐性行为都会反馈至推荐系统,通过多维度的信息收集,提高信息与用户的匹配度。通过主动传递信息,打破了信息传递的马太效应,能帮助用户发现本来很难发现的信息。

下面以艾克斯智能公司的智能推荐系统的技术架构为例,简要介绍推荐系统的运行原理。推荐系统主要由六个部分组成,分别是数据层、特征抽取层、模型层、结果层、缓存层和发布层,如图 11-2 所示。

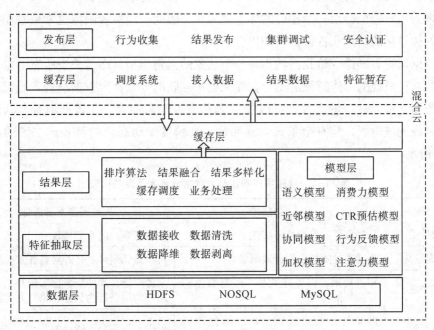

图 11-2 艾克斯的智能推荐系统技术架构

数据层主要用来存储用于推荐的数据,包括用户的静态数据、行为数据、物料数据。

特征抽取层主要用来接收、清洗来自数据层上报的数据并进行数据特征抽取,通过文本数据的分词、降维、去噪、向量化,生成能够被模型层用来建立模型的特征向量。

模型层利用特征抽取层处理过的数据进行建模,各套模型将用户的特征向量通过特征—物料相关矩阵转化为初始推荐物品列表。

结果层主要的作用是对模型层产出的结果进行过滤与排序。过滤内容主要包括已发生行为的结果、屏蔽的结果、候选物料以外的物料。

模型层和结果层共同组成了推荐系统的召回和排序阶段。召回环节将给用户推荐的物料从数以万计降到数以千计以下的规模。排序环节先通过粗排进一步减少后续环节传递的物料，再通过较为复杂的排序模型和权重体系对物料进行精准排序。

缓存层主要用于推荐结果的暂存，供用户进行实时的调度。推荐结果是将模型层和结果层精准排序后的结果加上一些去重已读、推荐多样化等业务策略后形成的。

发布层则作为用户调度使用和用户收集的接口，供平台方在各个业务场景下释放推荐结果。

从推荐系统的架构可以窥见，推荐系统涵盖了数据存储、特征抽取、特征计算、推荐结果排序和前端结果调用，其本质是一套基于数据计算的信息分发系统。

这套信息分发系统具备了个性化分发的特性，底层数据如用户数据、用户行为数据不同，其最终调用的结果也不同。

5. 消费者画像技术

所谓消费者画像，即在已知事实或数据之上，整理出的每一个消费者的相对完整的档案。消费者画像含有大量的数字、百分比、平均值、标准偏差、统计比较等，每一个抽象出来的用户特征会用一个相应的标签来表示，因此，消费者画像也常被看作关于用户信息的标签化的结果或各种标签的集合。

大数据消费者画像带给我们的不是一个具象的人物类型，而是关于所有对象的不同类型的数据所呈现的总体特征的集合。在无处不互联的今天，大数据消费者画像所搜集的数据类型之多、数据量之大，可以用"无孔不入"来形容。大数据消费者画像是普通用户画像的进阶版，具有全景式、透明性、高精度、动态化的特点。二者的区别如表11-1所示。

表11-1　普通用户画像与大数据消费者画像的比较

	普通用户画像	大数据消费者画像
画像性质	是抽象后的典型特征描述	是真实客户的全貌展现
数据量	主要通过随机采样，数据量有限	可以做到全样本，并且是各方面的数据
数据来源	相对局限，以采样数据、经营数据和市调数据为主	来源广泛，除传统数据来源外，还包括用户的网络行为数据、第三方大数据
采集方式	需要与客户直接接触，以抽样调研为主	可以不与客户直接接触
重点显示内容	主要描述客户行为动机（为什么）	能展现客户行为本身（是什么）
静态与动态	静态	动态，具有实时性
功用侧重点	设计沟通内容，提升用户体验	确定目标群体，预测营销结果

大数据消费者画像是大数据时代对营销路径的重塑。消费者画像的生成过程大致可分为数据采集、数据挖掘、规则挖掘/数据建模、验证、形成画像五个阶段，如图11-3所示。

图 11-3　消费者画像生成过程

数据采集是指结合企业的战略需求和业务目标，找到合适的数据源，如 CRM 数据、商业数据或第三方数据，并进行数据采集。

数据挖掘通常包括四个环节，一是数据清洗，去掉不完整的或重复的信息；二是用户识别，即确认用户的唯一性；三是对有效数据进行分类；四是建立标签和权重体系。

规则挖掘/数据建模是指采用聚类和关联规则、逻辑回归等方法，对各种数据进行分析，发现数据间的相关性。

验证是指对所挖掘到的相关性规律或数据模型进行验证，以保证所得到的模型或相关性分析准确抓住了用户的特征。只有经过验证的模型才能正确预测营销结果。

形成画像是指经过验证，将那些偶然的相关性发现或不能准确反映现实的数据模型剔除掉之后，用剩下的模型组成消费者画像，企业便可以为目标客户打上各种标签，了解具有某类标签的客户的渠道使用偏好、商品购买偏好等，并应用到营销决策中。

由此可见，消费者画像的形成过程就是将这些碎片化的海量数据进行整合，还原给我们一个最为真实的客户，而不是根据经验预判所理解的客户。所以说，消费者画像是我们进行营销决策的重要依据。

6. 数据库加密技术

数据库加密对数据提供机密性、认证、数据完整性、防抵赖的保护，在理想情况下并不影响用户的易用性。

根据数据库运行模式区分，数据库加密可以分为存储时加密和传输时加密两种。

根据数据库加密类型区分，数据库加密可以分为密钥管理、透明加密、文件系统加密、列级加密、应用级别加密等不同类型。

根据目标的行业或应用场景区分，数据库加密包括医疗健康、政府机构、IT 和电信、银行和金融服务、零售、航空航天等行业。

典型的现代数据库中，应用程序通过数据库引擎访问数据库，实现对数据的操作。数据库引擎本身通过操作系统的文件系统机制，存储一个或多个文件到硬盘等存储硬件中。数据库加密可以分为四个不同的层级。

（1）应用层加密，如图 11-4 所示，是指数据被生成数据或修改数据的应用程序加密，然后再写入数据库。数据库引擎和数据库存储无法感知数据是否加过密。应用层加密的优势在于可以根据用户角色和权限为每个用户定义加密方式。

（2）数据库层加密，如图 11-5 所示，是指整个数据库（根据实现机制，也可能是部分数据库）是加密的。数据库引擎负责管理数据加密的密钥，主要应对的威胁是攻击者获取数据库文件的访问权限，以及复制数据库到其他位置并读取其内容。

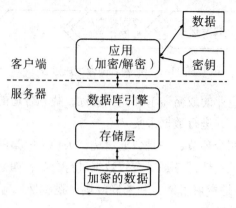

图 11-4　应用层加密

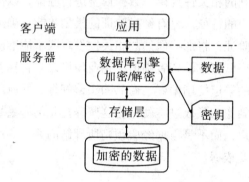

图 11-5　数据库层加密

（3）文件系统层加密，如图 11-6 所示，是指文件系统层加密使用文件系统访问代理的机制，允许用户加密目录和单个文件。该代理会中断对磁盘的读/写调用，并使用策略来查看是否需要解密或加密数据。像全盘加密一样，文件系统层加密可以对数据库及文件夹中存储的任何其他数据进行加密，但是其控制的粒度更细化。

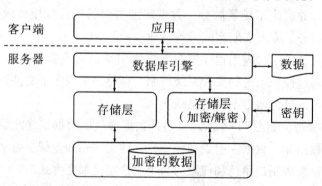

图 11-6　文件系统层加密

（4）存储层加密，也称全盘加密（full disk encryption，FDE），如图 11-7 所示。存储层加密技术自动将硬盘驱动器上的数据转换为没有密钥就无法解密的形式。硬盘驱动器上存储的数据库与任何其他数据一起被加密。

上述四个层级的加密方式各有其适用场景，且并非互斥的关系，甚至在某些要求比较高的场合，这些加密方式可以共同使用。

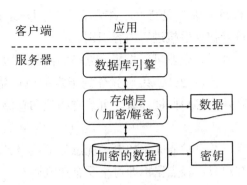

图 11-7　存储层加密

7. 二维码技术

二维码具有小巧易读、信息容量大等特点，其应用范围非常广阔。

二维码具有自己的三个编码规则：

（1）唯一性：同种规格同种产品对应同一个产品代码，同种产品不同规格对应不同的产品代码。根据产品的不同性质，如重量、包装、规格、气味、颜色、形状等，赋予其不同的商品代码。

（2）永久性：产品代码一经分配，就不再更改，并且是终身的。当此种产品不再生产时，其对应的产品代码只能搁置起来，不得重复启用再分配给其他商品。

（3）无含义：为了保证代码有足够的容量以适应产品频繁更新换代的需要，最好采用无含义的顺序码。

二维码在网络零售中发挥着巨大的作用，在各种应用中都有独特的场景和用途。其业务分类主要有两类：主读和被读。

（1）主读类业务。主读类业务是指二维码用户在手机上安装二维码客户端，使用手机拍摄并识别媒体、报纸等上面印刷的二维码图片，获取二维码所存储内容并触发相关应用。

①溯源。在商品包装制作时，企业将商品的详细信息、认证状况等录入二维码，并将二维码印刷在产品包装上，用户只需通过手机扫描二维码，即可获知该产品的一连串的正品安全信息，从而实现产品溯源。消费者在购买食品时，只需使用手机扫或发短信，即可随时随地对产品认证状况等信息进行查询，并可及时举报虚假、错误信息。

②防伪。企业给每一个产品赋予唯一的防伪编码，并将其做成二维码的形式印制在票据、证件及高价值的产品上。在此类应用中，客户端识别二维码后可获得验证码系统中事先生成的票据或产品信息。通过将这些信息和实物进行比对，客户即可核实实物的真伪。

③广告媒体。商户将包含网址的二维码印制在杂志、报纸、宣传资料、户外广告上，用户通过自己手机中安装的二维码识读客户端扫描，即可快速访问商户网址，加强了商家和潜在用户之间的互动，丰富了广告中包含的信息。

④电子名片。企业在印制纸质名片的时候，将包含姓名、联系方式、电子邮件、地址等信息的二维码图一起印在名片上。收到名片的用户使用手机客户端识读名片上的二维码，即可将二维码中包含的信息存入手机的通讯录。

（2）被读类业务。被读类业务是指当二维码存在于用户手机上时，用户持手机到应用现场，通过二维码机器扫描手机进行内容识别。

①积分兑换。借助二维码，企业可以将积分兑换的商品或服务以二维码电子凭证的方式发送到其会员手机上，会员通过二维码凭证到指定的地点兑换商品或者享受服务。电子积分兑换可提供更高效的客户回馈体验，可节省物流和仓储成本，是一种更为便捷的服务形式。

②优惠券下载。二维码具有功能完整的电子优惠券下载服务，省去了客户前去终端机领取优惠券的步骤。客户只需轻点鼠标即可享受企业或商家为客户精心准备的各类产品优惠信息，然后通过所下载的优惠券享受优惠服务。

③在线抽奖。一些二维码还提供在线服务，当客户使用手机扫描二维码进入为客户定制的活动抽奖页面后，只需输入简单的个人信息即可参加抽奖。除了当场可知晓中奖情况外，获奖用户的手机还能及时收到奖品的二维码电子凭证，并可随时前往商家门店兑换奖品或享受服务，使抽奖活动变得更为方便快捷。

④二维码支付。消费者通过扫描二维码进入页面，进行网上购物。网上购物可供选择的商品种类丰富，购物不受时间、地点的限制，网购不需要亲自去店面挑选商品，可以大大节省时间和精力，网购商品价格相对便宜，因而网上购物成为越来越多消费者的选择。二维码支付功能让手机在线支付成为可能，真正实现随时随地购物。消费者选择商品、加入购物车、填写收货信息、完成商品选购后，后台提醒商家消费者的购买情况、商家与消费者联系协商支付事宜，消费者也可选择用支付工具进行在线支付。

⑤团购。团购网站在商品或服务的销售环节，引入二维码作为购买凭证，消费者在线付款后，向消费者手机发送二维码购物凭证，消费者可直接凭借该二维码凭证到销售该商品或服务的商家进行消费。

⑥电子VIP会员凭证。为了稳固客户，也为了及时向客户传达商品信息，企业会为资深会员发放二维码短彩信会员凭证，会员凭借存储在手机上的二维码短彩信即可在特定场所享受会员服务，实现电子VIP会员凭证的使用。

⑦电子票。消费者通过移动互联网、电话等方式实现移动订票，票务订单生效后，将电子票以二维码短彩信的方式发送至消费者手机，消费者到场后凭手机上的二维码电子票即可验票进场。

 思考题

1. 网络零售技术原理的内涵是什么？
2. 网络零售规模经和范围经济有何区别与联系？
3. 网络零售边际效用递增、长尾理论、马太效应的内涵是什么？
4. 电商平台的系统构成是怎样的？
5. 如何理解"云—网—端"技术？
6. 普通用户画像和大数据消费者画像有何区别？

 **延伸阅读**

1. 主要电商平台付费流量入口算法（拼多多——"多多搜索"）

"多多搜索"是拼多多商家常用的、按点击付费的推广工具，通过对搜索关键词竞价获得排名和展现。商家针对某个关键词出价后，当消费者搜索该关键词时，拼多多平台会根据规则进行展现，当消费者点击商家被推广的产品后，商家需要付费。

"多多搜索"流量算法涉及两点：第一是排名，第二是付费。"多多搜索"排名＝关键词出价×关键词质量得分；"多多搜索"付费＝（下一名的出价×下一名的质量得分）/商家自己的质量得分+0.01。

从上述公式中我们可以看出，"多多搜索"流量算法主要取决于关键词排名和关键词质量得分。如果想让排名靠前，根据排名规则，可以提高出价或者提高质量得分。质量得分越高，付费越低。但"多多搜索"和淘宝"直通车"一样，在提高排名的同时也要提高商品的质量得分。否则，单次付费就会很高。

"多多搜索"的关键词质量得分主要取决于：关键词的相关性（标题相关性、类目相关性、属性相关性），商品的点击率、转化率、销量等，店铺DSR评分，创意的质量（创意点击率和图片质量），消费者体验（转化率、收藏率、加购率、产品DSR评分）等。

2. 主要电商平台付费推荐流量入口算法（拼多多——"多多场景"）

"多多场景"是拼多多的一款推广工具。和搜索流量"人找货"的模式不同，"多多场景"的推荐流量基本都是"货找人"模式。"多多场景"是以商品或店铺展示为基础，支持按点击付费（展现不付费），以精准定向为核心，面向全网精准流量进行实时竞价。

在"多多场景"的流量算法有一个推广前提，就是商品或店铺人群必须在定向覆盖的人群中，然后再根据综合排名排序。这个人群是一个积累的过程，包括店铺人群和商品人群，人群标签越精准、标签越多，推荐流量也会越精准、越多。

在"多多场景"中，商品展示排序的相关因素包括商品的广告出价、权重等，商品权重又包括商品的点击率、转化率、销量、评分等。店铺展示排序的相关因素包括店铺的广告出价、店铺权重等，店铺权重又包括店铺DSR评分、店铺销量等。

也就是说，想要在"多多场景"中排名靠前，就需要提高广告出价、商品权重和店铺权重。"多多场景"的单次付费规则＝（下一位的出价×下一位的商品素材点击率）/自己商品素材点击率+0.01。从这个公式就能看出，只需要做好素材点击率的优化。而素材点击率提升的背后逻辑也还是推荐流量的底层逻辑——店铺和商品的人群标签。

（文章来源：纳兰，《电商经理的成长笔记：从新手到高手》）